ひと箱まるごと目醒めのツール

# クスリ箱

2 ほんとうの自分を知ると
奇跡はあたりまえになる。

ドクター
丸山修寛 著
Nobuhiro Maruyama

bio

# CONTENTS

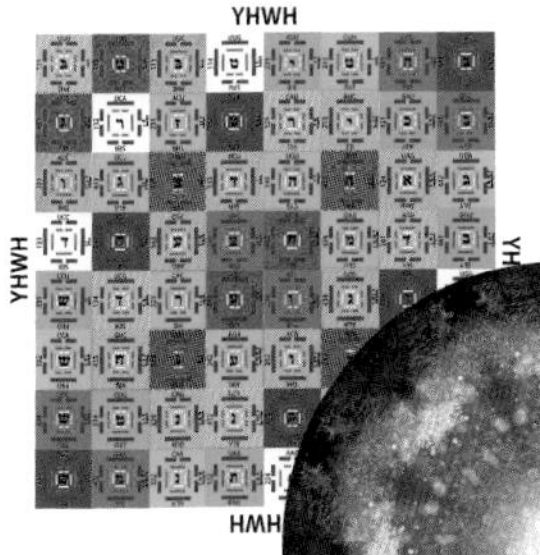
YHWH
YHWH
YHWH
YHWH

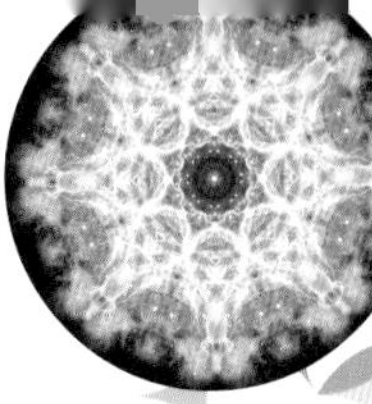

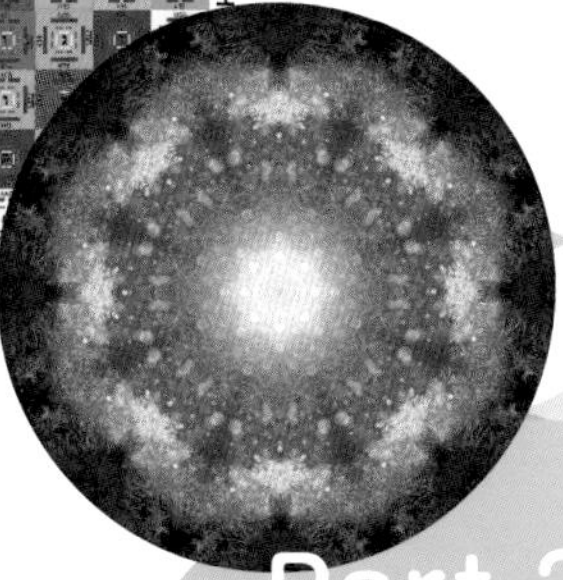

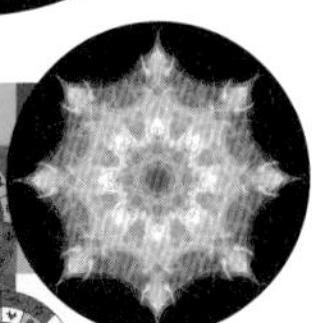

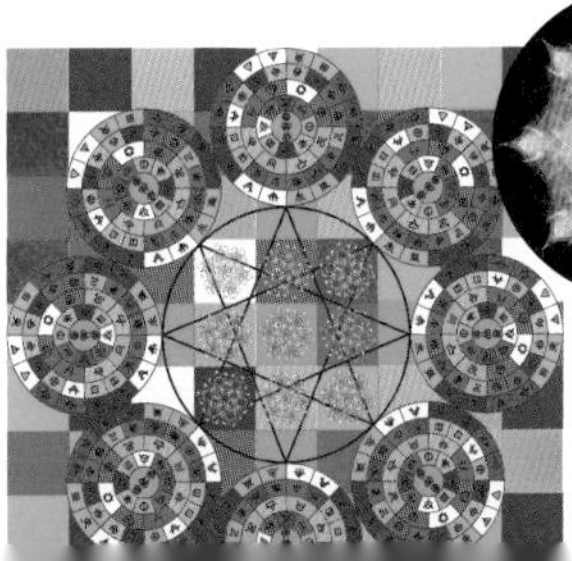

# ほんとうの自分を知ろう

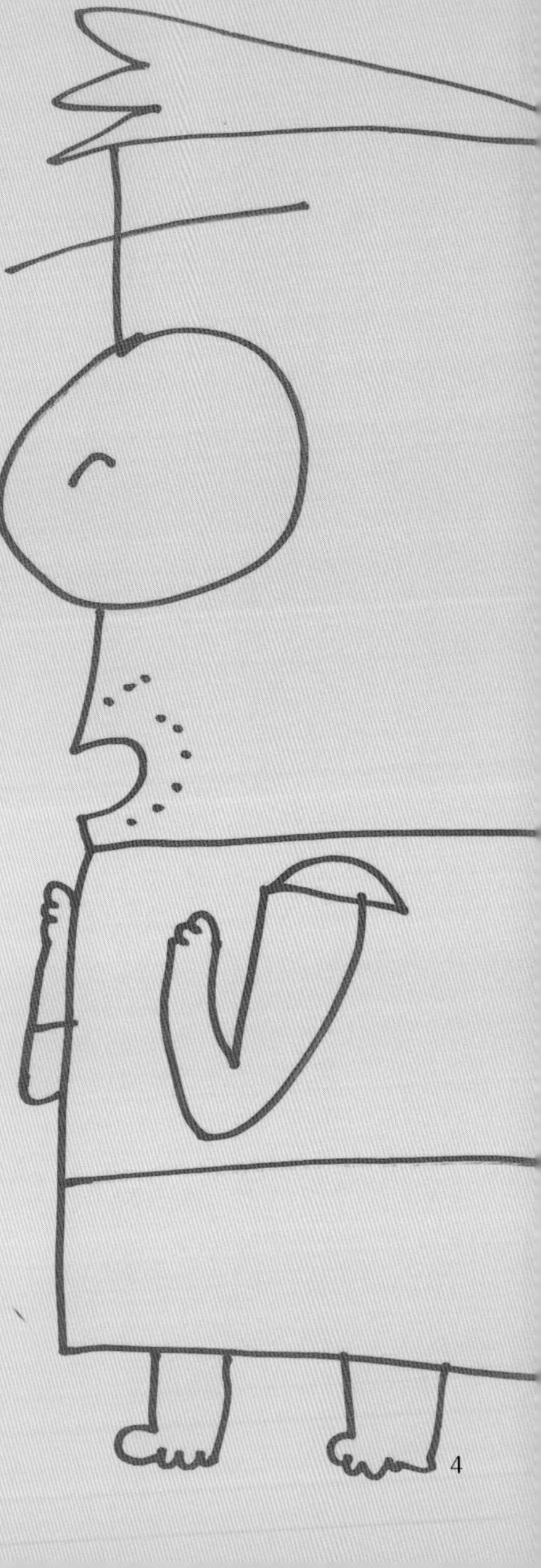

# Part-1

〝ほんとうの自分〟を知ることは、
人生における唯一無二の目的。
それによって **苦痛や苦悩、問題から解放され、**
人生をシンプルに、そして
ラクに生きることができるようになるからです。

〝ほんとうの自分〟を知ることを、
悟りや覚醒、目醒めといいますが
それは **今・この瞬間** にあります。

クスリ絵（P44〜）やクスリ音《ね》（P83〜）は、あなたが
〝ほんとうの自分〟に気づくのを
強力にサポートしてくれます。

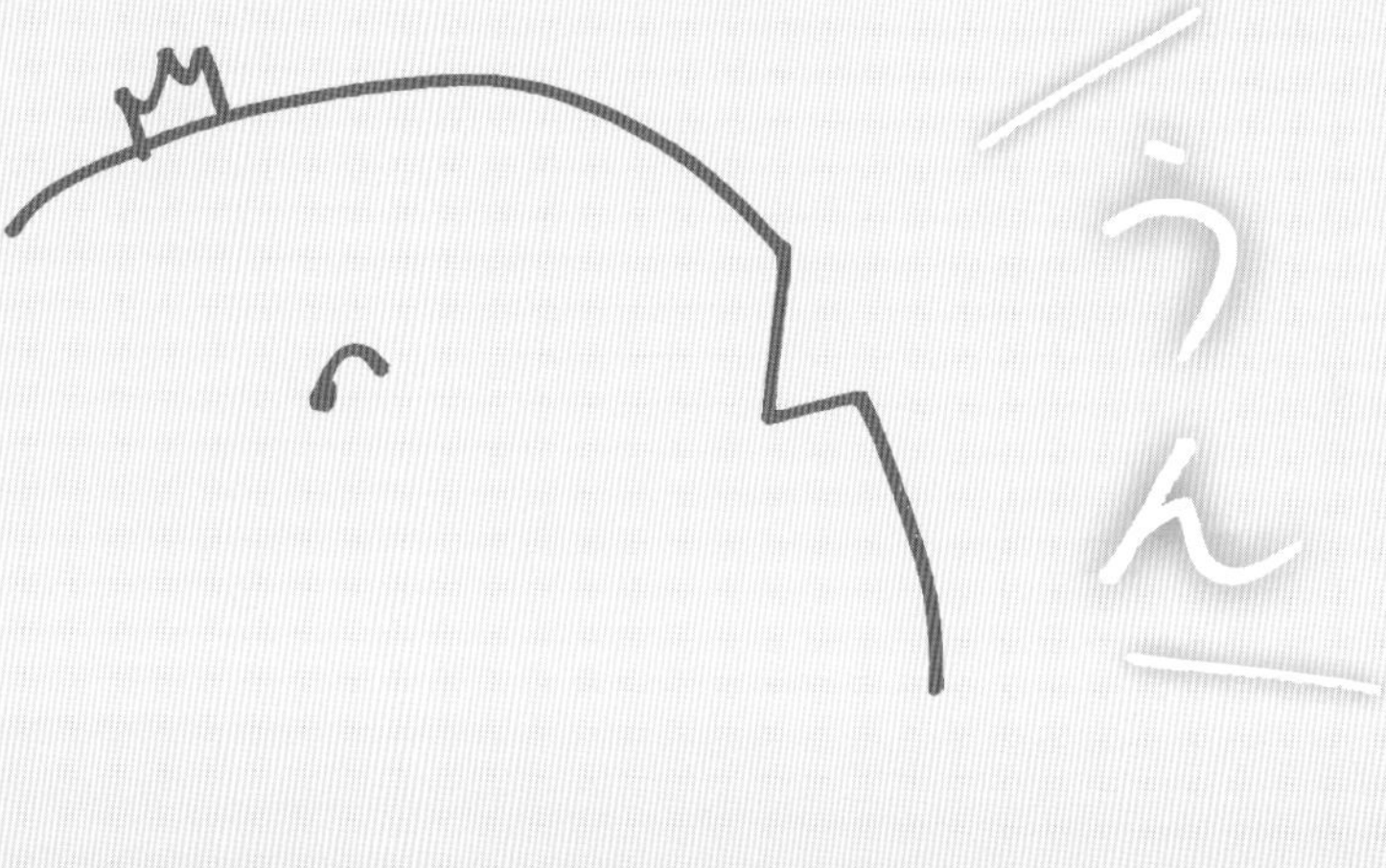

# 『十言神呪《とことのかじり》』に見る〝ほんとうの自分〟

十言神呪とは、**ア・マ・テ・ラ・ス・オ・ホ・ミ・カ・ミィ** の10音を、10回唱えること。この各音には、それぞれ宇宙のことわりを示した神歌があり、この神歌は、昭和28年、門田博治さんという方が天から降ろしたものです。

このうちの第6首に、〝ほんとうの自分〟を知るヒントが記されていました。

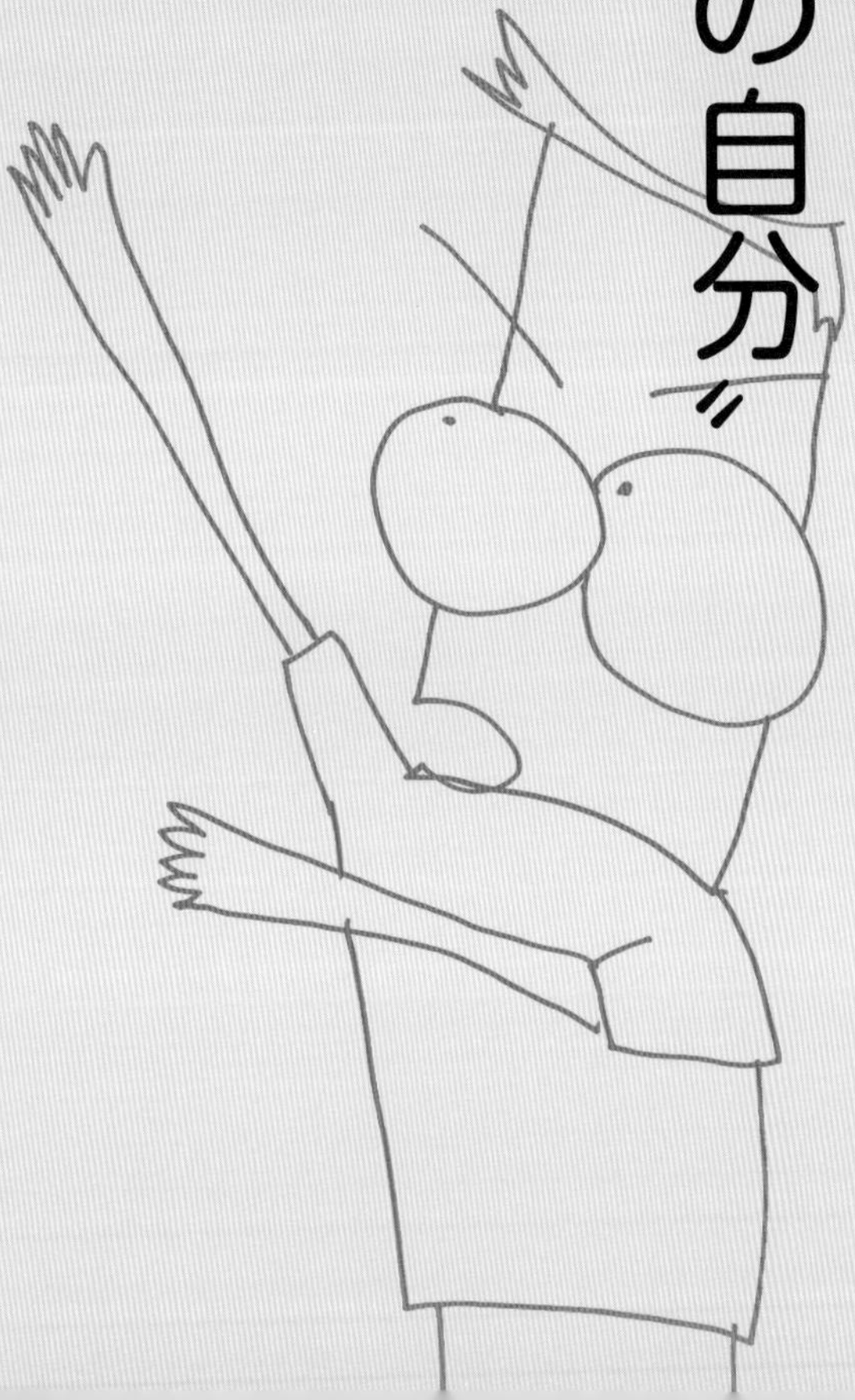

十言神呪第6首〈大字神呪〉

## 大いなる我悟りなばこの身われ　生《な》り成《な》り続くは誰《た》が為にこそ

【解説】

このように悟る（自覚）することによって真の人間、即ち、大きい我が造られます。

ところで、大我を支える肉体がありますが、この肉体がなりなり（完成から完成へと）続くのは、一体誰のためでしょう。

自分のためでしょうか。神様のためでしょうか。

それとも万物のためでしょうか。

出典：『二十一世紀の惟神の道　十言神呪』石黒豊信著（MPミヤオビパブリッシング）

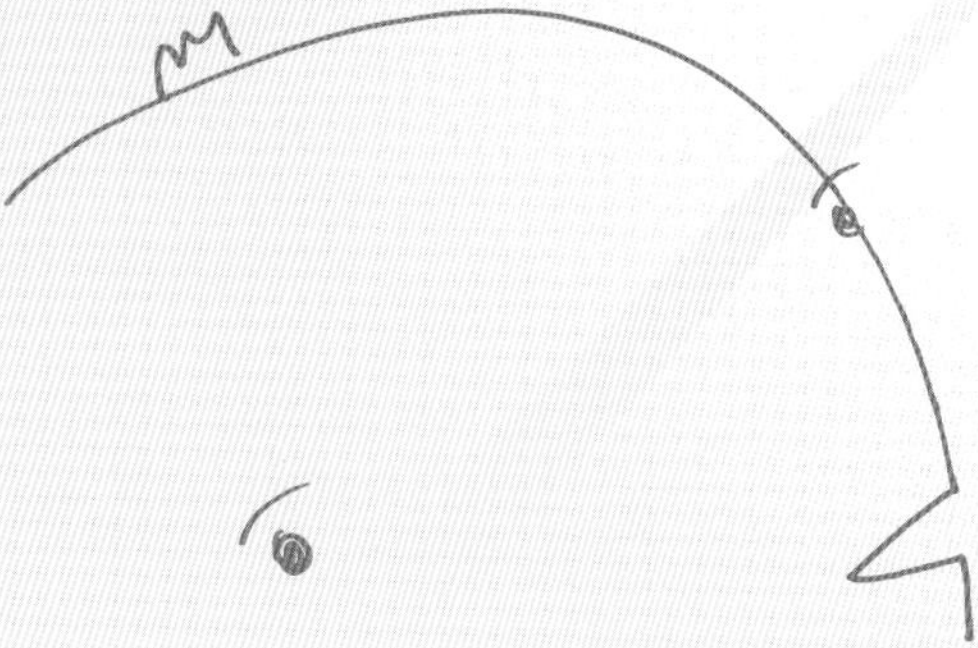

**潜在意識くん**
Dr. 丸ちゃんの潜在意識。
鋭いツッコミと、無条件の愛で
丸ちゃんを目醒めの道へと導く。

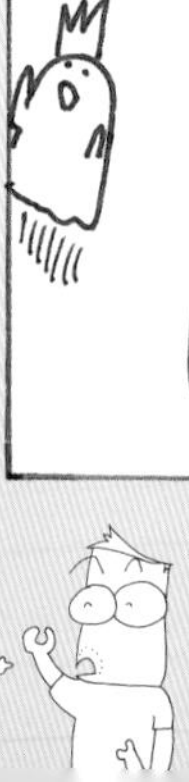

**Dr. 丸ちゃん**
潜在意識くんとの対話から、
たくさんの気づきを得る主人公。
Dr. 丸ちゃんこと、丸山修寛。

宗教は、それを教えてくれるはずだったのに。

宗教は、何も教えてくれなかった。

それどころか僕たちがほんとうの自分に気づくことから目をそらさせてしまう宗教さえある十言神呪は、その反対だよね。

うん
十言神呪は人がほんとうの自分に気づくようにしてくれる。

十言神呪が哲学だという理由がここにある。

まず肉体について考えてみよう。肉体はほんとうの自分ではないことの説明だよ。

お願いします
人の体には物質代謝が起こる。物質代謝とはものが変わるということなんだ。

変身
あーあっあっ……

肉体が代謝していく〜〜〜

昔の自分はもういない。

人の体（肉体）は二年でそっくり変わってしまう。平均すると二年で体（肉体）はまっさらなものに置き換えられる。

二年に一回、前と同じ形と働きをもった新しい体（肉体）が生まれてくる！
変わってしまうものはほんとうの自分じゃない。だから体（肉体）はほんとうの自分じゃない。
じゃあ心は、ほんとうの自分かということについて話していこう
赤ちゃんの丸ちゃん
十言神呪
今の丸ちゃん!!
赤ちゃんの頃の僕は十言神呪を見せられても何の興味も示さない。今の僕は、十言神呪をすごく大切に思っている。
それは君の心が変わったからだよね。
そのとおり。心はコロコロが語源ということもあって、コロコロ変わってしまう。女心と秋の空というのもそのへんのところを表す言葉なんだろう。
じゃあ心も、ほんとうの自分じゃないということ!?

そのとおり
体(肉体)も心も変わる。変わるものはほんとうの自分じゃない!!
変わらないものって何なんだ〜〜〜
変わらないもの それは・・・・
それは・・・・・・・・
心も変わり、体も変わっているのにただひとつ、変わらないでいるものとは……。
まず、十言神呪の第6首(P7)を読みながら、考えてみてください。急にハッと答えが出るはずです。
オッケー 何かヒントを下さい。
ヒントはこれ!!

僕が四歳のときに桜の咲く道を通って初めて幼稚園の門をくぐったときも、僕が六歳のとき初めて小学校に入って自分の靴箱に靴を入れたときも中学生になって気になる子ができたときも
受験に落ちて、泣きながら沈んでいたときも、その様子をそばでじっと見てきた意識があります。今・この瞬間にもそのときと全く変わらない意識が途切れることなく存在しています。

心はその時々、様々な感情を表したり考えを作り出しますが、心がその様子を見たり心にとどめたりしているのではありません。

私の一部始終を私のあらゆる瞬間を通し常にそこに存在していた形のない存在・意識が私の心に気づき続けています。

これこそが、ほんとうの私であり大いなる我であります。

今・この瞬間何かをするのを完全にやめて自分が何を考えているのか何を感じているのかに意識を集中してみてください。

心に意識を向けると何もないことがわかります。でも何か静粛のようなものを感じます。この静粛こそが、私の本質。変わることのない意識です。

この、一見何もない静粛から私の人生に起こるすべてのものが創造されます。大いなる我とは、私が意識を内側に向けたときに現れる静粛なのです。

私が常に自分の心の内側に意識を向けるとき。その瞬間、何かをしなくともすでに私は、大いなる我として生きるのです。

その意識は、君の人生において変わらぬものとして常に君とともにある。君自身と言ったほうがいいかもね。

それはずっと常に、ここにあって変化することなく、その中に現れては消えていく変化するものに気づき続けている。

心と体（肉体）もその中に現れては消えていくんだね。

それは形をもたず何の概念ももたない名前をつけることのできない存在！

それが僕や君のほんとうの姿だ。

それは形をもたないっていうけど気配はある。一度だけ僕はその存在、ほんとうの自分の気配を感じたことがある！

どんなふうだった??

僕が患者さんを診ているとき
何者かが
左肩ごしに
僕を見て
いるのに
気づいた。
振り
返ると
誰も
いなかった。
いないよ
ためしに左肩の、
気配があった方向に
意識を向け
「ありがとう」と言ってみた。
すると全身が御神気のような
涼しい空気に包まれた。
…
すると、
患者さんの症状まで
即座に消えてしまった。
わざわざ僕が気づくように
気配を強くしてくれていたんだ。
それが
ほんとうの自分だったんだ。

大いなる我について
気づいたことを
もっと教えて
いいよ。
大いなる我として
生きるには
どうすればいい？
ええっと
十言神呪をやれば
いいんだけど…
こんな方法がいいかもね。
今・この瞬間に意識を
集中するんだ。
どうして？
？
今・この瞬間は
次々と現れる時間の
ほんの一瞬だと
思っているよね。
うん
僕たちは、今・この瞬間を
長い時間経過の中の
ほんの一瞬と考えている。
その為、今・この瞬間を
あえて意識するような
ことをしないんだ。
たしかに

今・この瞬間を意識することで何かが生まれるとは思っていないから、あえてこの瞬間を意識しようなんて思わないよね。

実は僕も君と同じことを思っていたんだ。

心は常に何かをしよう何かになろうとするんだ。

心にとって、今・この瞬間は未来のことを考えるためだけにある
そんな暇があるなら、少しでも未来や将来のことを考えていたほうがよっぽどいいものを生み出せるよ。

どうして、こんなふうにまだ来てない未来にばかり心が向かうのかわかる？

ええっと…

心は一瞬たりとも今・この瞬間に意識を向けることを嫌うんだね。

そうか、心にとって今・この瞬間は未来に向かって進歩するための手段でしかないんだね。

よく気づいたね。心にとって今・この瞬間が人生の目的になることなんてないんだよ。

どうして今・この瞬間を人生の目的にしないといけないの?

それはね、今・この瞬間こそが変わることのない僕たちのほんとうの姿だからなんだ。

どうして、この瞬間という時間が人のほんとうの姿になるの?

僕たちのほんとうの姿は今・この瞬間にあらゆるものが現れることを可能にしている意識なんだ。意識が今・この瞬間そのものを創造しているんだ。

この意識は世界が現れる容器みたいなものなんだね。

この意識は演劇でいえば舞台のようなものかもね。

舞台の上で様々な人間模様が演じられるみたいに、今・この瞬間にあらゆる世界、あらゆる人の人生が現れているってことか。

今・この瞬間は
ほんとうの自分であり
意識そのものだ。
だから、今・この瞬間を
あえて意識する。
すると、ほんとうの自分を
覆っていたベールが消え
ほんとうの自分が現れる。
ほんとうの自分は、
自分が進むべき
正しい方向を
知っているから
人生が好転する。
どんなときでも、
今・この瞬間を大切にし
気づき続けるってすごいね。
ここで実験をしてみよう。
怖い実験や
痛い実験は嫌だよ!
痛くも、かゆくも
辛くも、怖くもないから
やってみよう!
オッケー

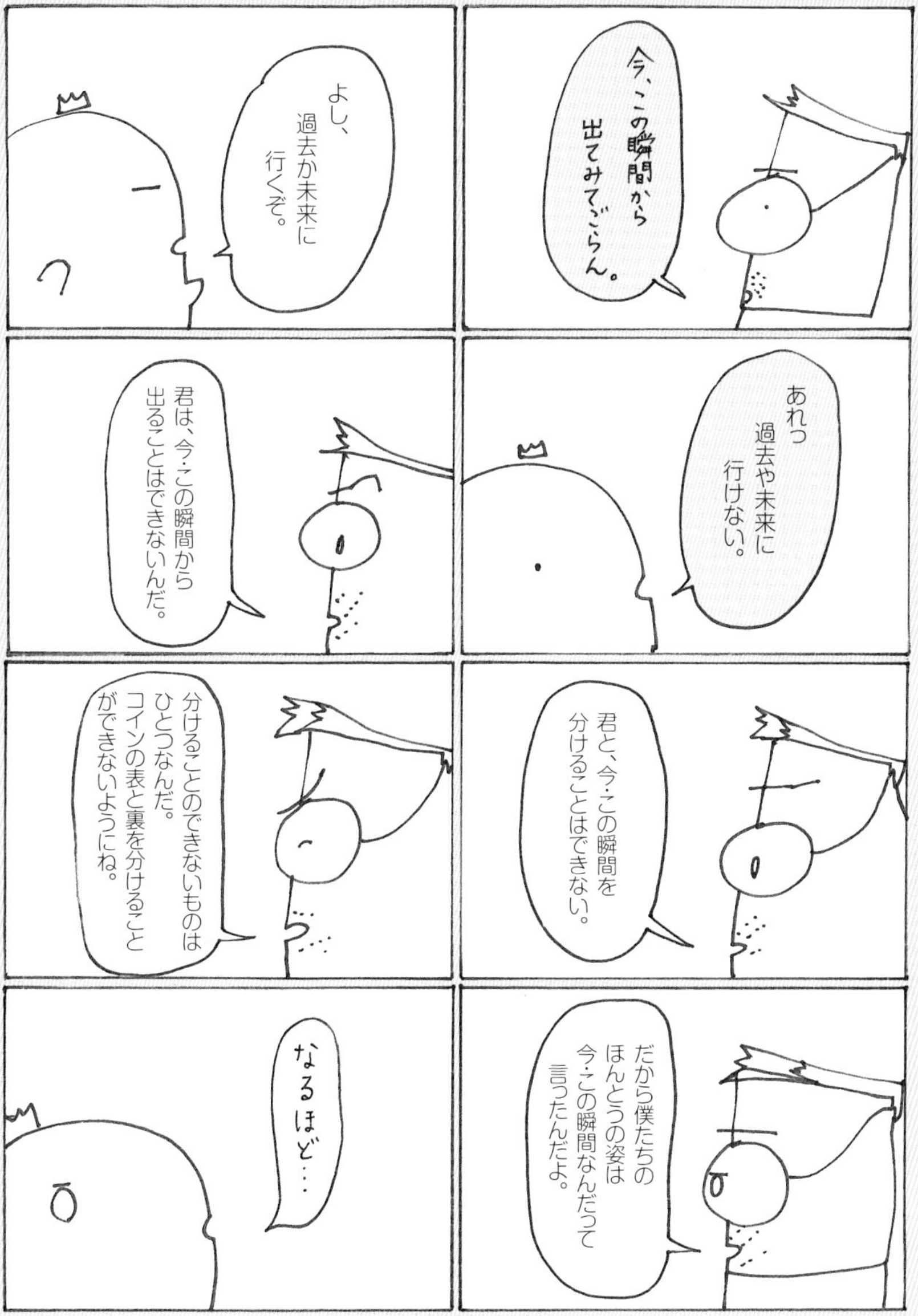
今、この瞬間から出てみてごらん。

よし、過去か未来に行くぞ。

あれっ過去や未来に行けない。

君は、今・この瞬間から出ることはできないんだ。

君と、今・この瞬間を分けることはできない。

分けることのできないものはひとつなんだ。コインの表と裏を分けることができないようにね。

だから僕たちのほんとうの姿は今・この瞬間なんだって言ったんだよ。

なるほど…

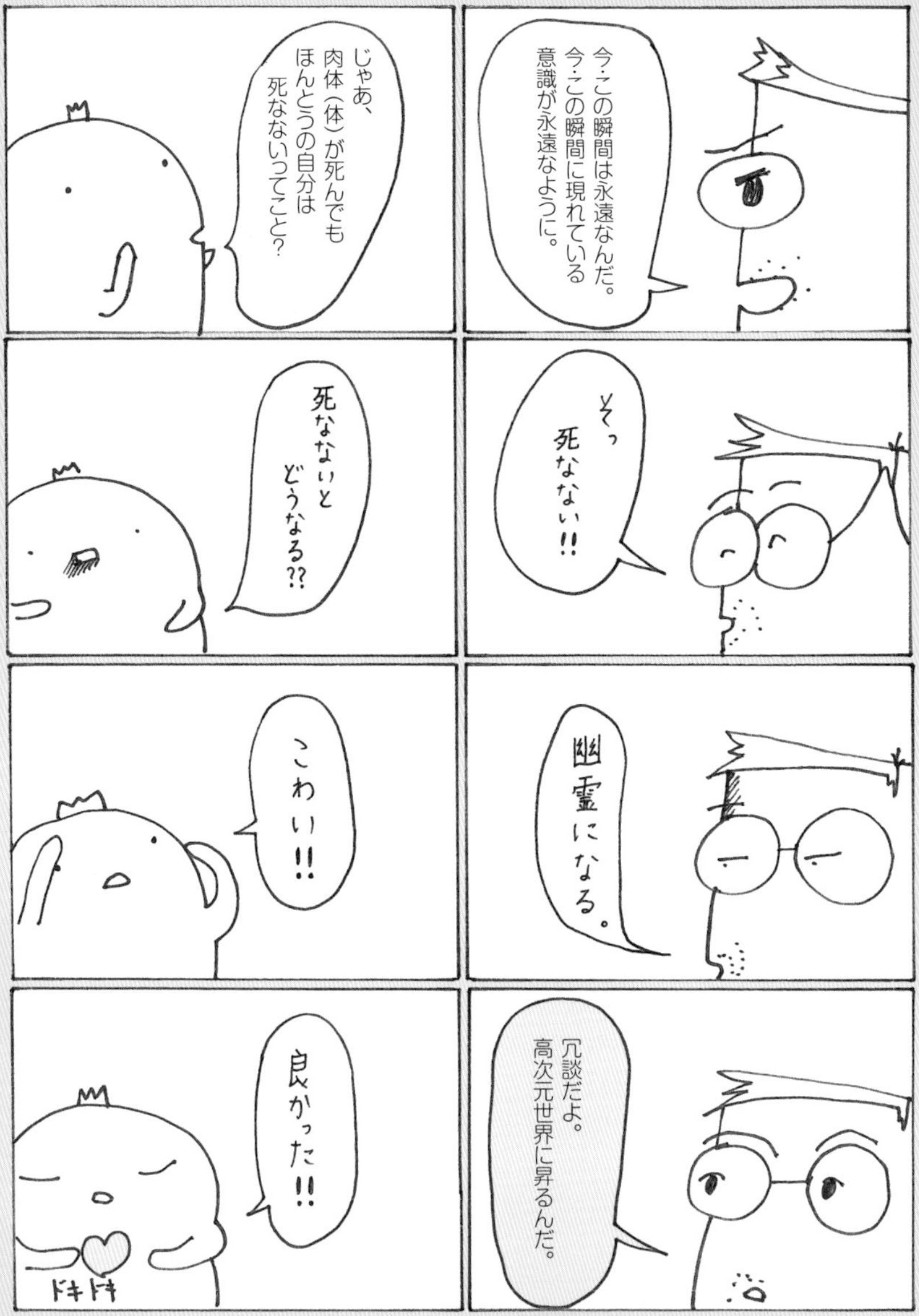
今・この瞬間は永遠なんだ。今・この瞬間に現れている意識が永遠なように。
じゃあ、肉体(体)が死んでもほんとうの自分は死なないってこと?
そっ 死なない!!
死なないとどうなる??
幽霊になる。
こわい!!
冗談だよ。高次元世界に昇るんだ。
良かった!!
ドキドキ

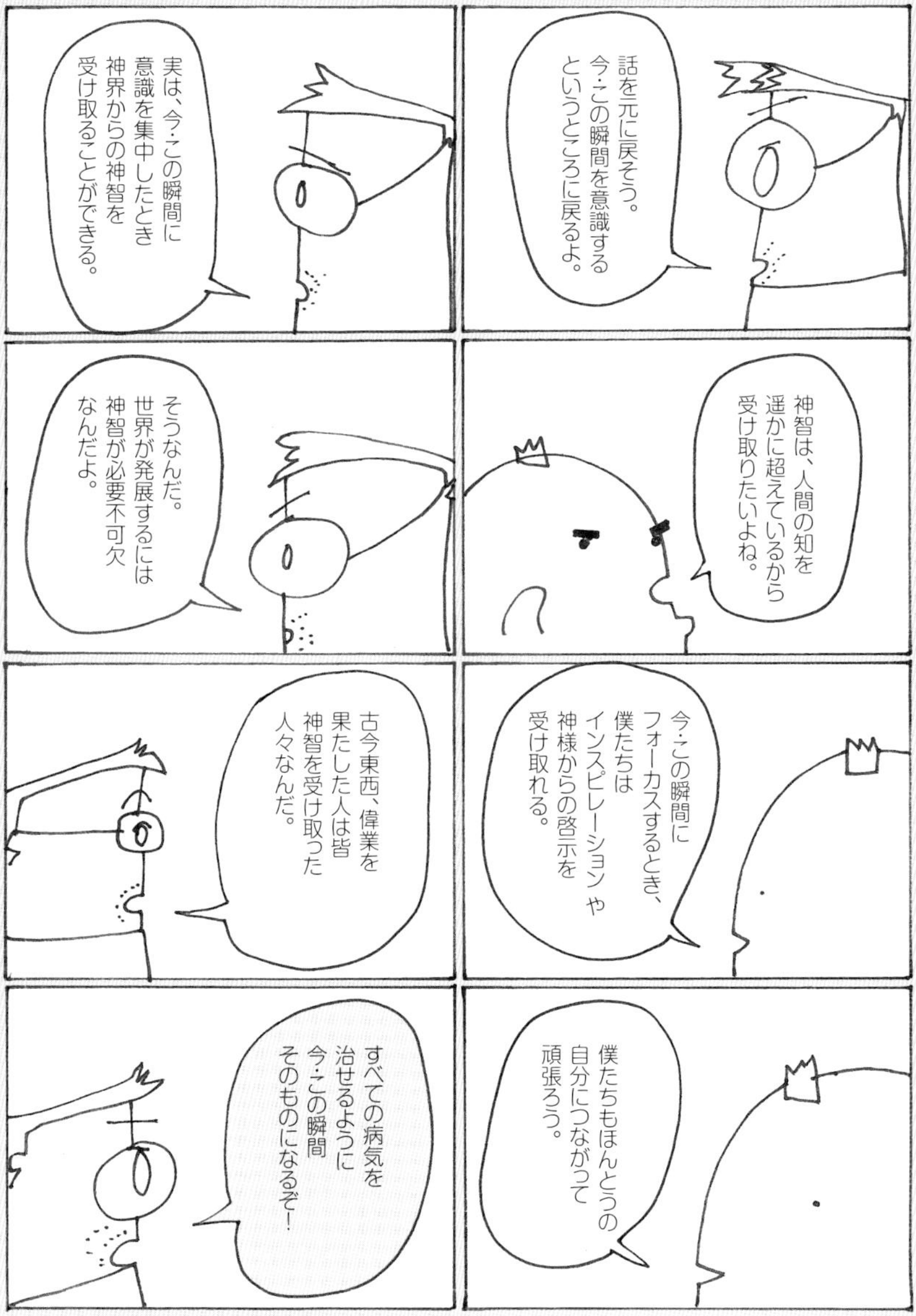

話を元に戻そう。今・この瞬間を意識するというところに戻るよ。

実は、今・この瞬間に意識を集中したとき神界からの神智を受け取ることができる。

神智は、人間の知を遥かに超えているから受け取りたいよね。

そうなんだ。世界が発展するには神智が必要不可欠なんだよ。

今・この瞬間にフォーカスするとき、僕たちはインスピレーションや神様からの啓示を受け取れる。

古今東西、偉業を果たした人は皆神智を受け取った人々なんだ。

僕たちもほんとうの自分につながって頑張ろう。

すべての病気を治せるように今・この瞬間そのものになるぞ！

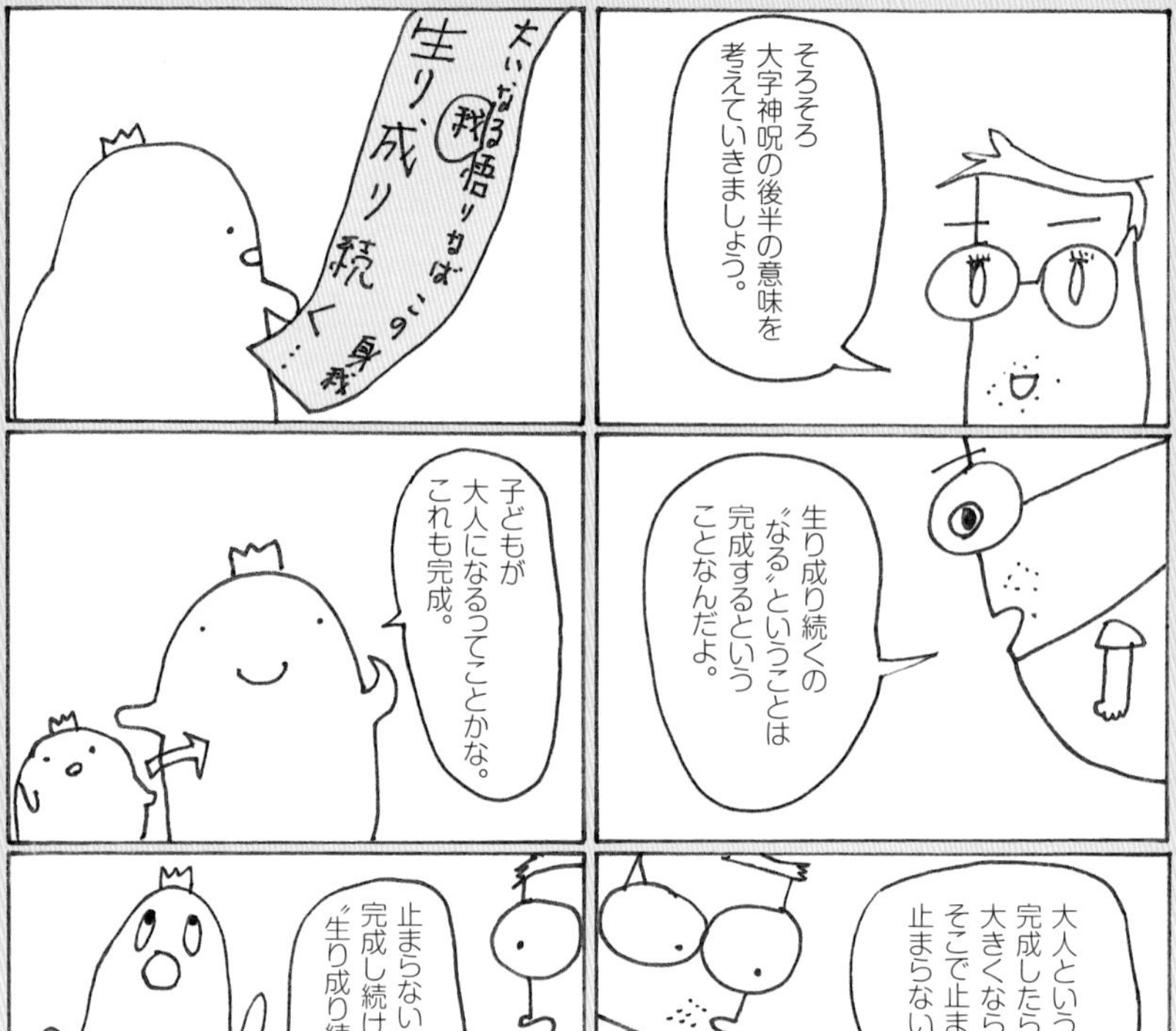
そろそろ
大字神呪の後半の意味を
考えていきましょう。
大いなる我悟りなば この身我
生り、成り続く…
生り成り続くの
〝なる〟ということは
完成するということなんだよ。
子どもが
大人になるってことかな。
これも完成。
大人という完成。
完成したらもうそれ以上
大きくならない。
そこで止まるはずですが
止まらない。
止
止まらないで完成し、完成し、
完成し続けるというのが
〝生り成り続く〟ことなんだ。
我々は完全を目指して
不完全を克服して
やろうと考えている。
一定の終着点を見て
そこに向かって
いつでも百点満点じゃない。

90点か80点か取りながら、やがて100点になるときを目指して進んでいる。
100点
90点
80点
商売をしている人も勉強をしている人もみんなそう考えて頑張ってるよ！
ところが生り成り続くという考え方は、そういう考え方じゃない。
じゃあ、どういう考え方なの??
〝現在のまま完成している〟という考え方だ。
〝現在のまま完成している〟それが続いていくということ？
そう。完成というものが〝そのまま続く〟これを繰り返していくんだってことだね。
カミ
人間、神の子という者は完全から完全への行進をしているんだ。それが〝生り成り続く〟ということである。

でも そうなるには 条件がある。

我悟りなば ということ?

そのとおり。〝生り成り続く〟には大いなる我が悟らないといけない。

その悟りって何?!

ほんとうの自分が、今・この瞬間という意識であると悟ったときだよ。

僕たちが今・この瞬間に意識をしっかりと向けるとき。心が未来へ遊びにいっていないときさ。

〝心ここにあらず〟っていうのと逆の状態のときだね。

今・この瞬間は常にそのままで完成している。

今・この瞬間には完成以外はないんだね。

イエス

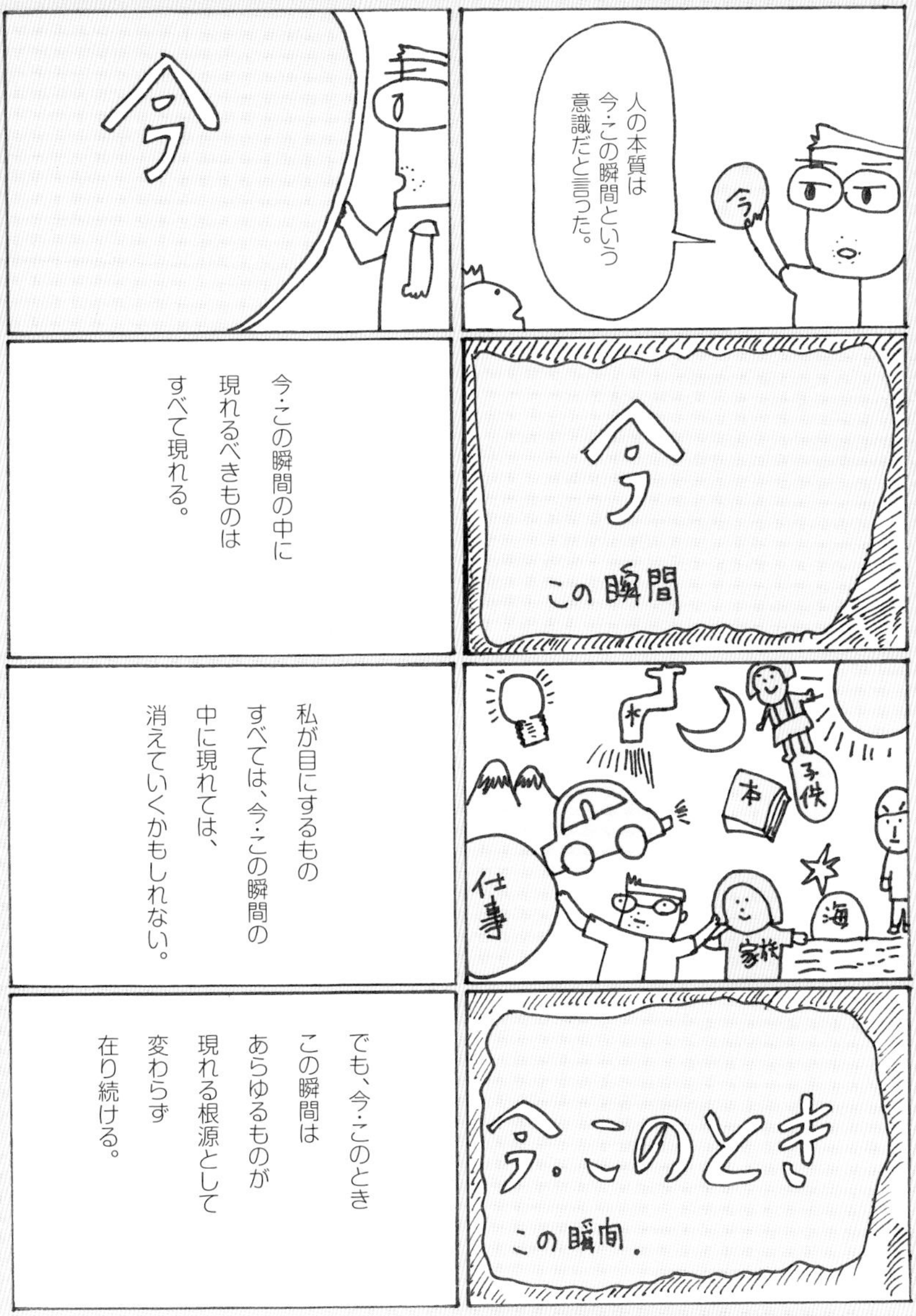

今
人の本質は
今・この瞬間という
意識だと言った。
今
今
この瞬間
今・この瞬間の中に
現れるべきものは
すべて現れる。
水
本
子供
仕事
家族
海
私が目にするもの
すべては、今・この瞬間の
中に現れては、
消えていくかもしれない。
今・このとき
この瞬間。
でも、今・このとき
この瞬間は
あらゆるものが
現れる根源として
変わらず
在り続ける。

ほんとうの私は、今・この瞬間に現れている内容、つまり自分を含めた世界ではなくそれらが現れてくることを可能にしているスペースを創造する源である
へえーっまるで神様みたいだね。

人の内側には神様と同じ分け霊がある。

人は、ただの人ではなく神様でもあるんだ。

そうだよ。だからみんな神様のことが好きなんだ。

人の内の神が神様大好き～って言っているんだね。

そのとおり
「人の内の神が神を神してる」ってことかもね。

# 日常の中で〝ほんとうの自分〟を生きる

〝偽の自分〟は、過去と未来、後悔と期待のもとに心の中に巣食います。

**〝ほんとうの自分〟は、過去と未来から切り離された「今・この瞬間」にだけ見出すことができます。**

日常生活の中で、自分の思考や行動が
過去と未来をもとに生まれていないかを見張ることは、
意識を「今・この瞬間」に集中させることになります。
このとき、偽の自分は消え、〝ほんとうの自分〟が人生を生きます。
瞑想をしなくても、実生活の中で、〝ほんとうの自分〟に気づけるのです。
「今・この瞬間」を意識的に生きるとき、
私たちは〝ほんとうの自分〟とひとつになっています。

# 今・この瞬間の完全性

# Part-2

今・この瞬間の完全性を丸ごと
自分の持ち物のように受容するとき
奇跡が起こります。

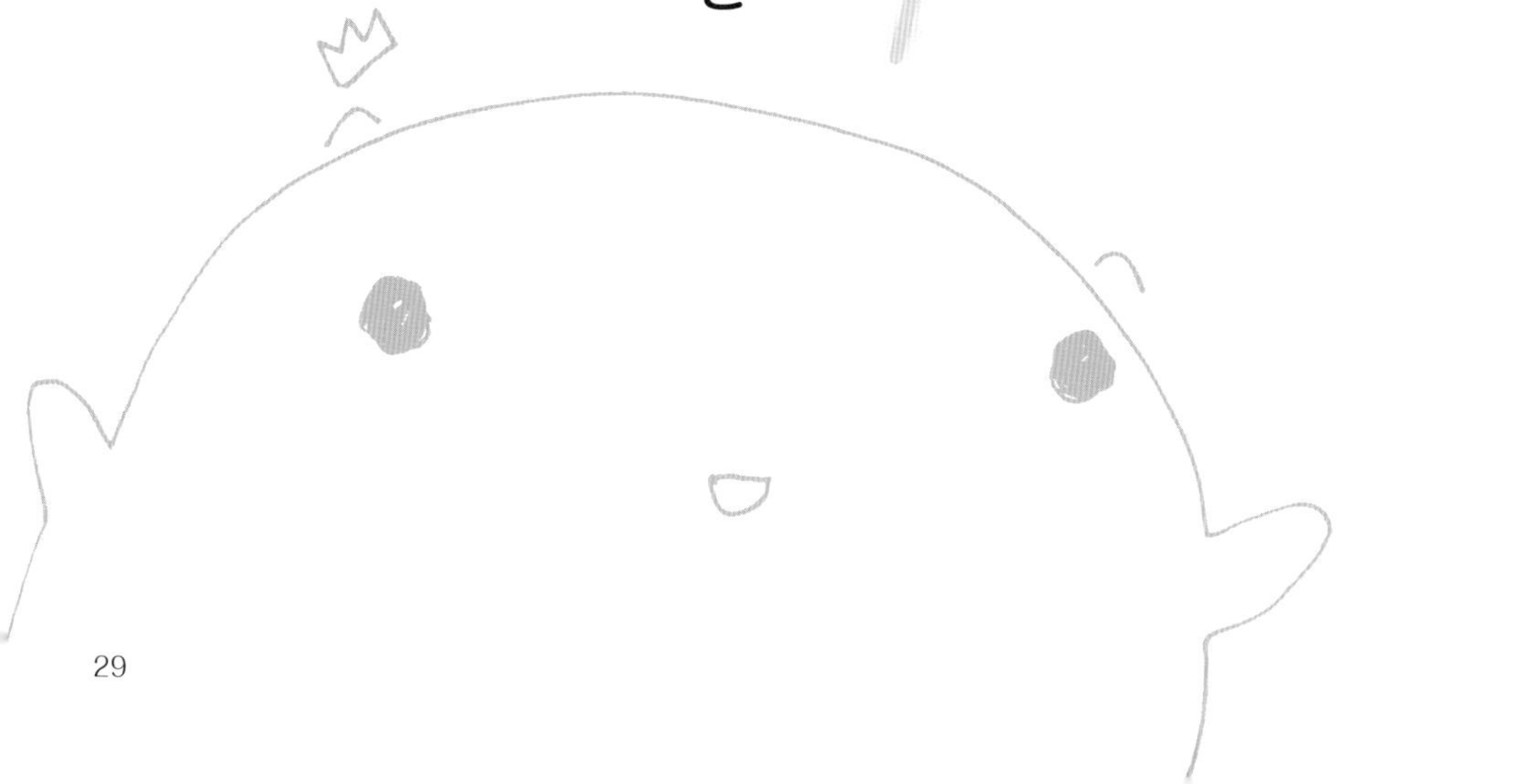

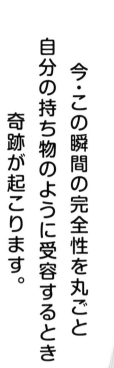

完全に今・この瞬間に心を開くと、人の中に平安が訪れる
境界がないってかんじ。

完全に心を開くってどういうこと。

胸のあたりに扉があるとするとそれを全開にして今・この瞬間に起こっている事・物・人・すべてに対して無防備でいるっていうかんじかな。

今・この瞬間に自分だけに起こっていることだけではなく、目の前にある状況をそっくりそのまま受け入れてしまうってかんじかな。

言い方を変えると今・この瞬間は変えるべきところがまったくない完全なものだと意識する！

「この、この瞬間」に起こっていることを自分のもちもののように意識する。

するとどうなる
今・この瞬間がより完全な瞬間に移行する。

すると状況が好転する。高血圧の人の血圧が正常値になる。頭痛が消えたり吐き気が消えたり痛みが消えることもある。

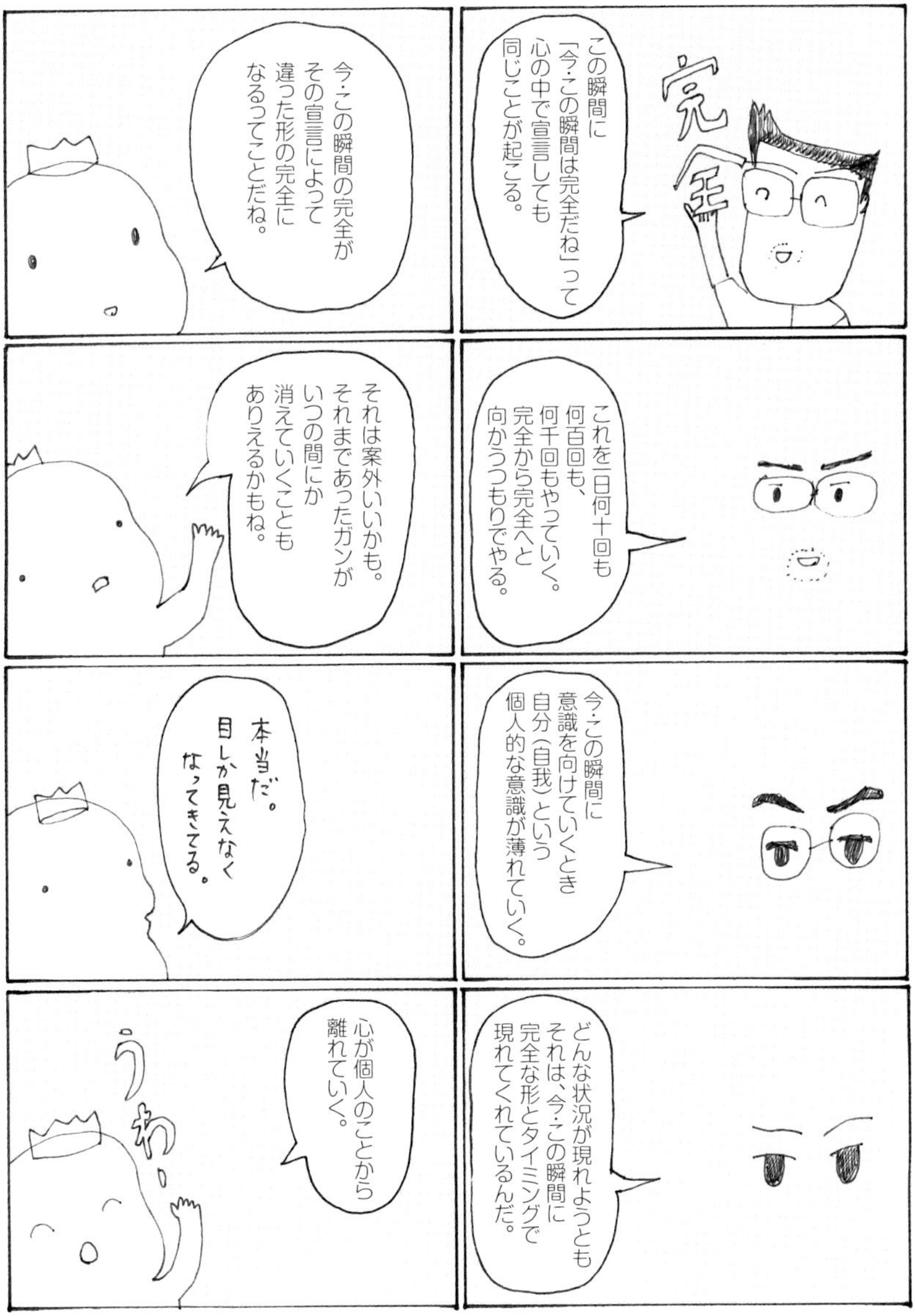
完全
この瞬間に「今・この瞬間は完全だね」って心の中で宣言しても同じことが起こる。

今・この瞬間の完全がその宣言によって違った形の完全になるってことだね。

これを一日何十回も何百回も、何千回もやっていく。完全から完全へと向かうつもりでやる。

それは案外いいかも。それまであったガンがいつの間にか消えていくこともありえるかもね。

今・この瞬間に意識を向けていくとき自分（自我）という個人的な意識が薄れていく。

本当だ。目しか見えなくなってきてる。

どんな状況が現れようともそれは、今・この瞬間に完全な形とタイミングで現れてくれているんだ。

心が個人のことから離れていく。

うわ。

今・この瞬間をそのままにしておく。何も変えようとしないとき、変化が起こる。

なるほど。この世界は思ったことと逆になることがあるってことか！儲けようとして、損をする人がいる。人に与えることで、より、多くのものを受け取る人がいる。

個人的な欲が多かったり、大きければ、特に思ったこととは逆になるんだ。

どうして僕は、こんなにひどい目に遭うの？悪いこともしていないのにっていうときもあるよね。ああいうときはどうなの？

君は何かが起こるときそれが起こる原因が間近にあって起こるって思ってるよね。

うっ そうではないのか!!

何か理不尽なことが起こったとき、それは今回の人生の何かが原因ではなく前世での何かが原因のときもある
そういう時はどうしたらいいの?!

その瞬間に起こっていることをそのままにしておく。抵抗したり、それを変えようとしない。

その瞬間の完全性を認めるってことか。

その瞬間に心から「ありがとう・ごめんなさい許してください・愛しています」って言うのもいいね。

ホ・オポノポノだね。

ホ・オポノポノは元々、十言神呪の少彦名命がハワイの人に伝えたものだよ。

そういえば十言神呪には少彦名命は人間と人間の間に起こる問題を愛と智恵で解決する神様だって書いてある。

少彦名命に限らず十言神呪の神様は世界中にホ・オポノポノのような智恵を降ろしているんだよ。

ホ・オポノポノも十言神呪に出てくる禊(みそぎ)と同じ作用があるんだね。

そのとおり。「ありがとう・ごめんなさい 許してください・愛しています」と言うことで、問題を起こす 原因になっている 記憶が消える！

確かにそれって 禊だよね。

禊といえば 山梨県に身曾岐神社がある。そこに行ってみて驚いた。

どうして驚いたの
なんと、そこに「とほかみえひ（み）ため」っていう言葉が 書いてあったからなんだ。

それも禊のための 言葉なんだね。

そうみたいだ。禊の言葉を見たとき とほかみって十言神呪の ア・マ・テ・ラ・ス・オ・ホ・ミ・カ・ミィ のことじゃないかって 思ったんだ。

なるほど。そうかもしれないね。「とほかみえひ（み）ため」には 十言神呪の神様の五柱の 神様のうち天津神の 四柱が入っているからね。

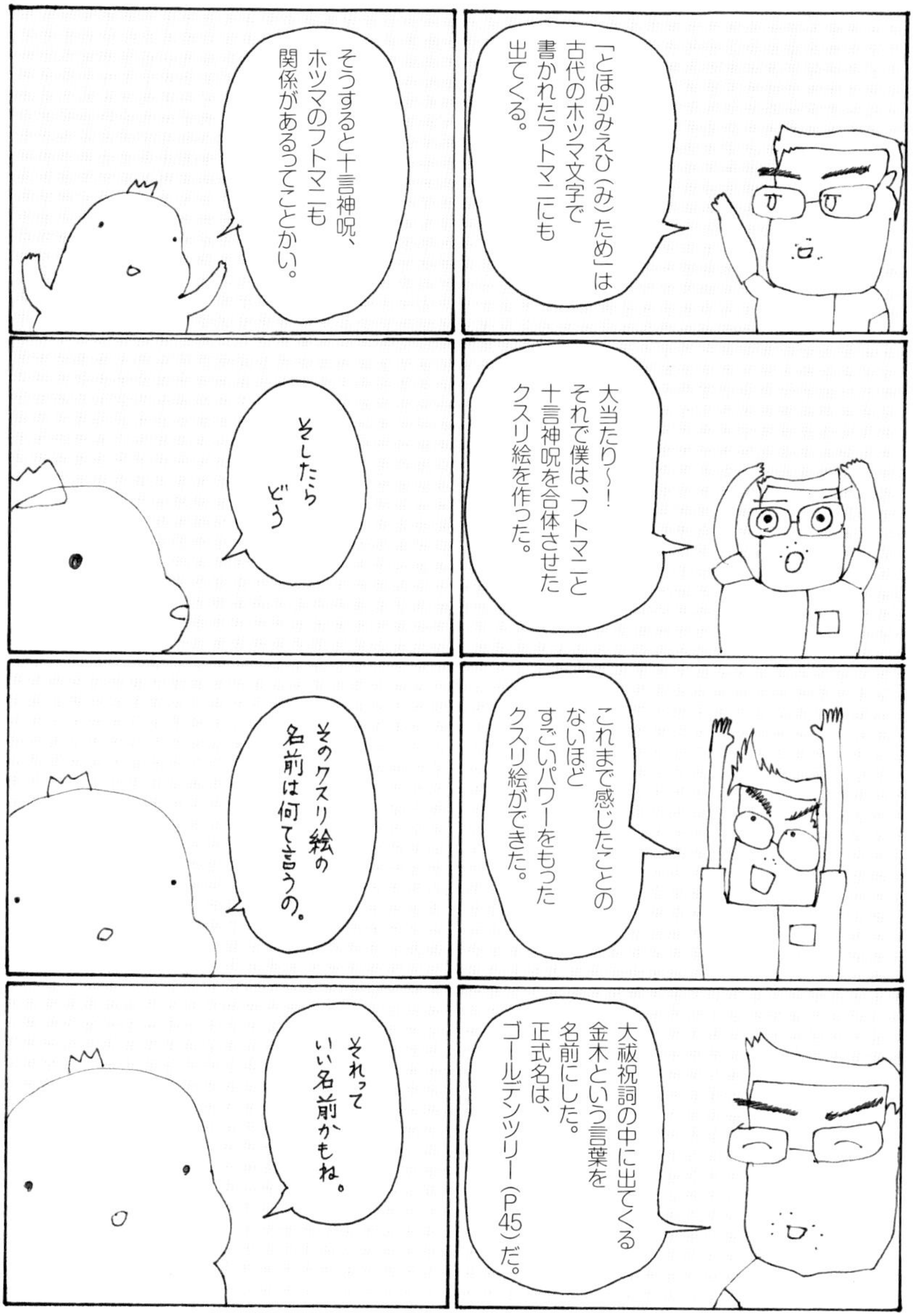
「とほかみえひ（み）ため」は古代のホツマ文字で書かれたフトマニにも出てくる。

そうすると十言神呪、ホツマのフトマニも関係があるってことかい。

大当たり〜！それで僕は、フトマニと十言神呪を合体させたクスリ絵を作った。

そしたらどう
これまで感じたことのないほどすごいパワーをもったクスリ絵ができた。

そのクスリ絵の名前は何て言うの。

大祓祝詞の中に出てくる金木という言葉を名前にした。正式名は、ゴールデンツリー（P45）だ。

それっていい名前かもね。

ゴールデンツリー
もうここまできたらクスリ絵というより祈り絵といったほうがいいかもしれない。
これだけでガンが消えることはないけど間違いなく元気にはなるね。
抜けるよ
僕はこれで自分の頭の薄毛を治すつもりだ。
分身!!
分身の術！本当だ。自分で見ても寂しい。
クスリ絵
ガンの人にこれを貼ったら全身を気が流れるって言ってたよね。
クスリ絵を作り始めて22年になるけど最高のものができたってかんじだよね。
真上から見ると寂しくなったもんね。
クスリ絵の神様どうかこの人に毛をあげて下さい。カミのことはカミ様にたのむべし。

カッパみたいになってる。まぁ、これは置いといてゴールデンツリーのクスリ絵について進めよう。

ゴールデンツリーのクスリ絵は十言神呪とフトマニの両方が合わさってできている。

そうだよ。それがどうかした?

ということはゴールデンツリーのクスリ絵に「とほかみえひ(み)ため」といっても「ア・マ・テ・ラ・ス・オ・ホ・ミ・カ・ミィ」って唱えてもいいってことだよね。

確かに、言霊とクスリ絵の形霊・色霊・数霊が合わさるとすごいかもね。

ほんとうに今回のクスリ絵は奇跡が重なってできた絵だから、大切にしたい。

これの枕カバーを作って寝たら、毛髪が戻ってこないかな。

禊をして、もっと心を綺麗にしたら戻ってくるかもね。

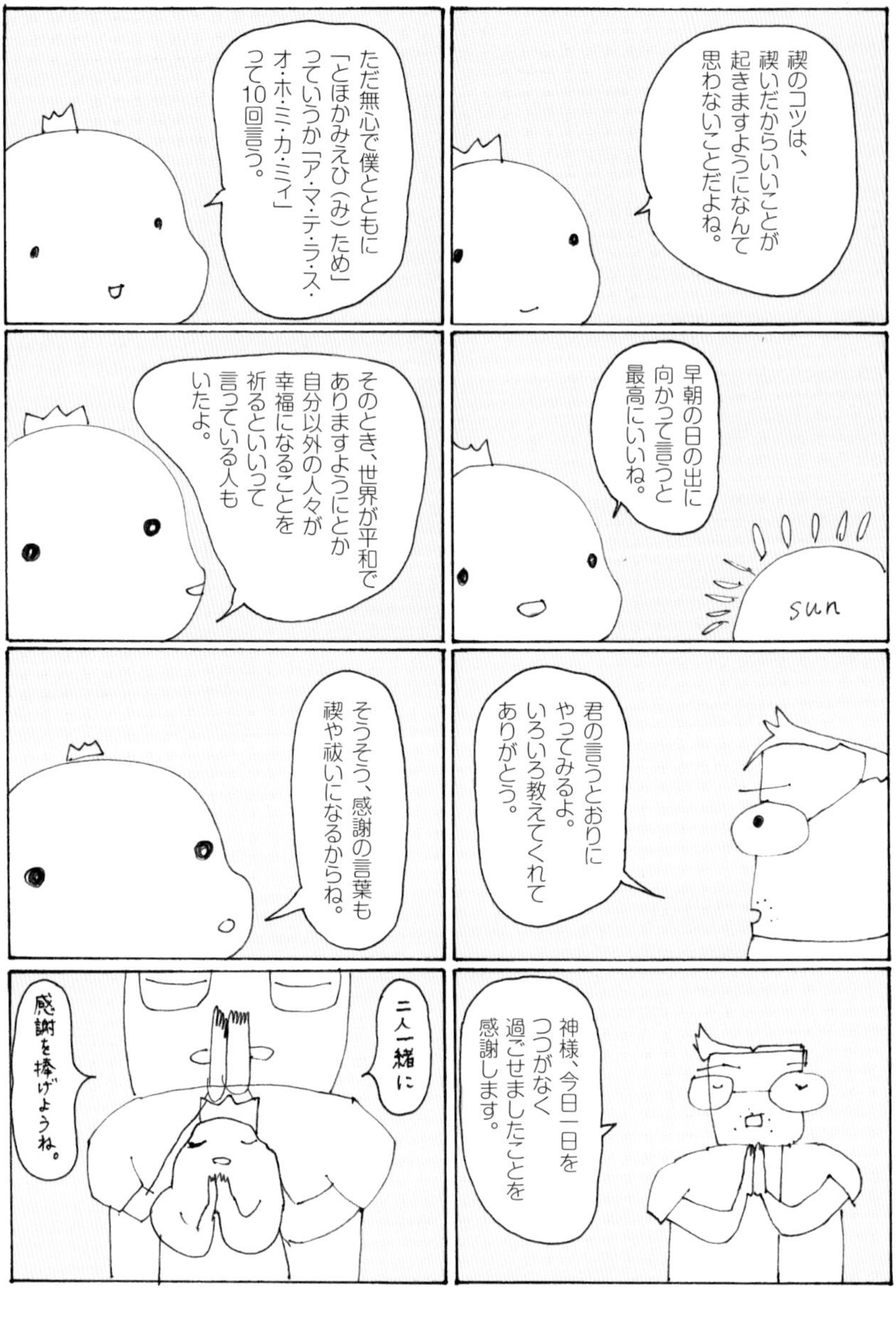
禊のコツは、禊いだからいいことが起きますようになんて思わないことだよね。

ただ無心で僕とともに「とほかみえひ(み)ため」っていうか「ア・マ・テ・ラ・ス・オ・ホ・ミ・カ・ミィ」って10回言う。

早朝の日の出に向かって言うと最高にいいね。

sun
そのとき、世界が平和でありますようにとか自分以外の人々が幸福になることを祈るといいって言っている人もいたよ。

君の言うとおりにやってみるよ。いろいろ教えてくれてありがとう。

そうそう、感謝の言葉も禊や祓いになるからね。

神様、今日一日をつつがなく過ごせましたことを感謝します。

二人一緒に
感謝を捧げようね。

# 一瞬一瞬が完全なり

**一瞬一瞬が完全です。**

これは自分の努力とは関係がありません。
どんな問題があろうとも〝一瞬一瞬は完全なり〟です。

完全性の認識はその瞬間に起こっている出来事、
そのとき現れる内容に対して与えるのではありません。

そこに現れる不完全な内容や納得のいかない出来事を含め、
これらが現れることを可能にしている**「今・この瞬間」**が完全なのです。

**「今・この瞬間」**の完全性が腑に落ちると、
それまで不完全であった内容や出来事が完全へと向かって変容します。

言い方を変えると**「今・この瞬間」に起こっている内容や出来事は、**
**それ以外ではありえないというスタンスでいることです。**

これは私が日常の診療中に実際に行っていることです。

以前、乳ガンの女性が激しい痛みを訴えてきたとき、
その瞬間の完全性を認識することにより、
痛みが一瞬で止まったことがありました。

# ほんとうの自分とひとつに

〝ほんとうの自分〟とひとつになるには、
〝ほんとうの自分〟を遮る自分の思考や感情、行動を見張ること、
自分の内側の生命エネルギーを感じること、
心を過去と未来から切り離して〝今〟にあることが有効です。

それ以外に〝ほんとうの自分〟についての真理を説く
**般若心経を朗唱**することや
『クスリ箱①』で紹介・解説した**「十言神呪」の**
**10首の神歌を朗唱**すること。
**カタカムナウタヒの第5・6・7・8首を詠む**のもひとつの方法です。

［十言神呪］

- あ　人格
- ま　法（まること）
- て　因縁
- ら　バイブレーション
- す　統（秩序）

十言神呪とは、「あ・ま・て・ら・す・お・ほ・み・か・みぃ」の言葉（音）を10回唱えること。一音一音には、深い意味とともに振動があります。実際に診察中に唱えてみると、患者さんの症状が消えたり、その方の本来もつ光が放たれていくのを感じることができます。

［カタカムナウタヒ
5・6・7・8首］

5首

ヒフミヨイ
マワリテメクル
ムナヤコト
アウノスヘシレ
カタチサキ

7首

マカタマノ
アマノミナカヌシ
タカミムスヒ
カムミムスヒ
ミスマルノタマ

6首

ソラニモロケセ
ユヱヌオヲ
ハエツヰネホン
カタカムナ

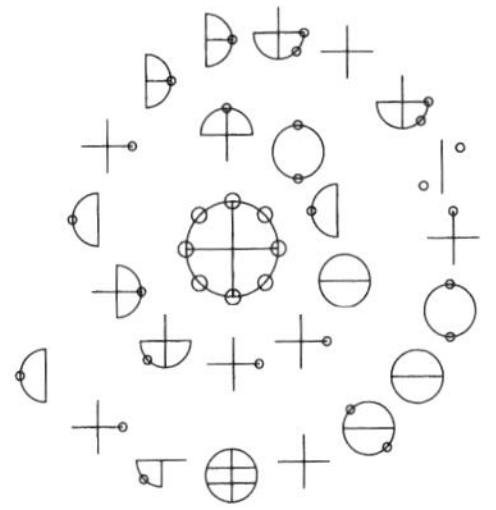

8首

ウマシタカカム
アシカビヒコ
トコロチマタノ
トキオカシ

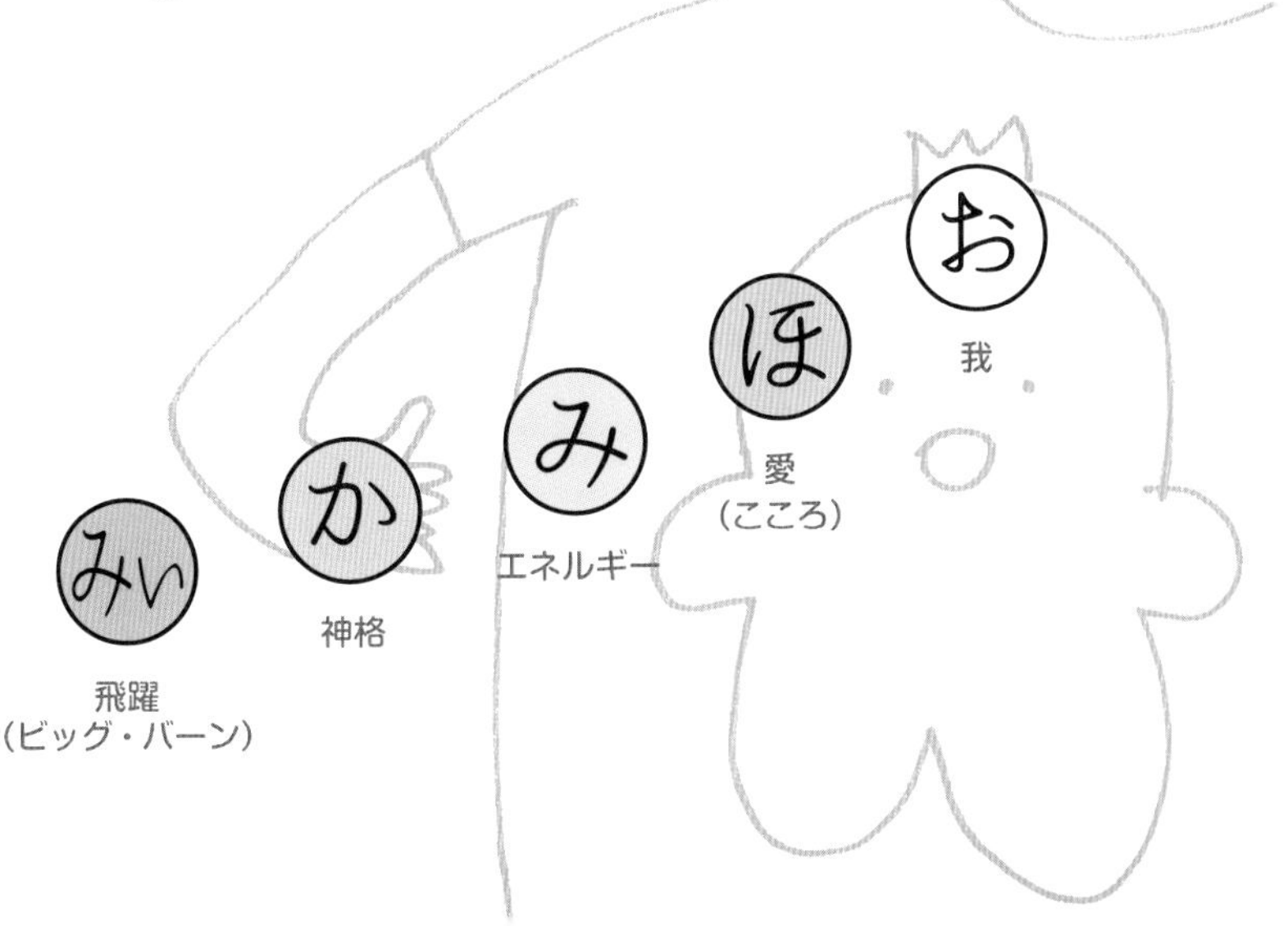

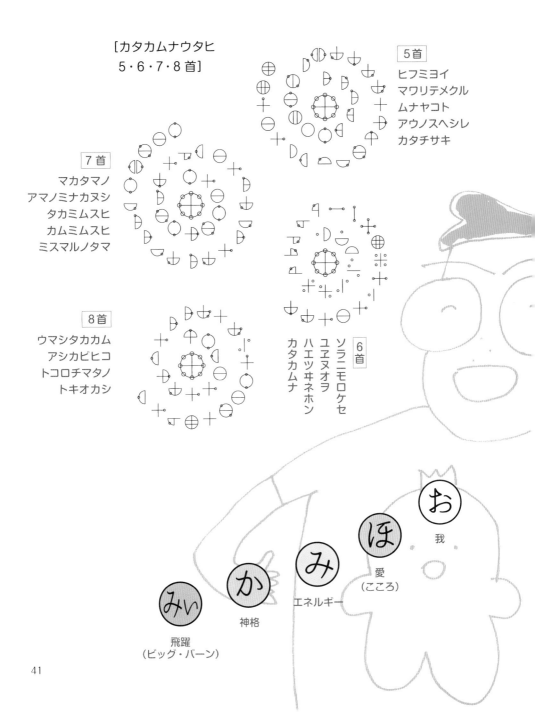

# 身体を消す

身体が消えると、個人の私から
〝ほんとうの自分〟へのシフトが起こりやすくなります。
「十言神呪」では自我没却《じがぼっきゃく》の原理として説明されています。

自分の身体を消すには、まず利き目でないほうの目を閉じます。
次にA４くらいの大きさの紙を筒状にして、それを利き目に当てます。
利き目だけで目の前の景色を見ると、
普段見える自分の身体の一部分が見えなくなります。
自分の身体が視界から消えるのです。

すると自分は身体ではなく
意識であるということが明白になってきます。

その結果、自分と身体との
過度な同一化（自分はこの身体であるという誤った信念）から
少しずつ解放されます。

ガン患者さんや痛みのある患者さんにこれをしてもらうと、
たいがいの痛みは数分で消えます。

消えないときは、クスリ絵を使います（笑）。

# Part-3

# ほんとうの自分へと ダイレクトにつながる

# クスリ絵

恐れや不安、苦悩から
愛・安らぎ・平和へと瞬時にシフト！
あらゆる問題、不調の原因となる記憶を
一掃してくれるパワフルなクスリ絵

ゴールデンツリー

※クスリ絵は切り取ってご使用いただけるようになっています

## ゴールデンツリー

クスリ絵を作り続けて22年。ゴールデンツリーは、私のクスリ絵史上最高傑作。すべての神が、あらゆる物事、想いをバックアップし、開運・健康・安全へと導きます。

※クスリ絵は切り取ってご使用いただけるようになっています

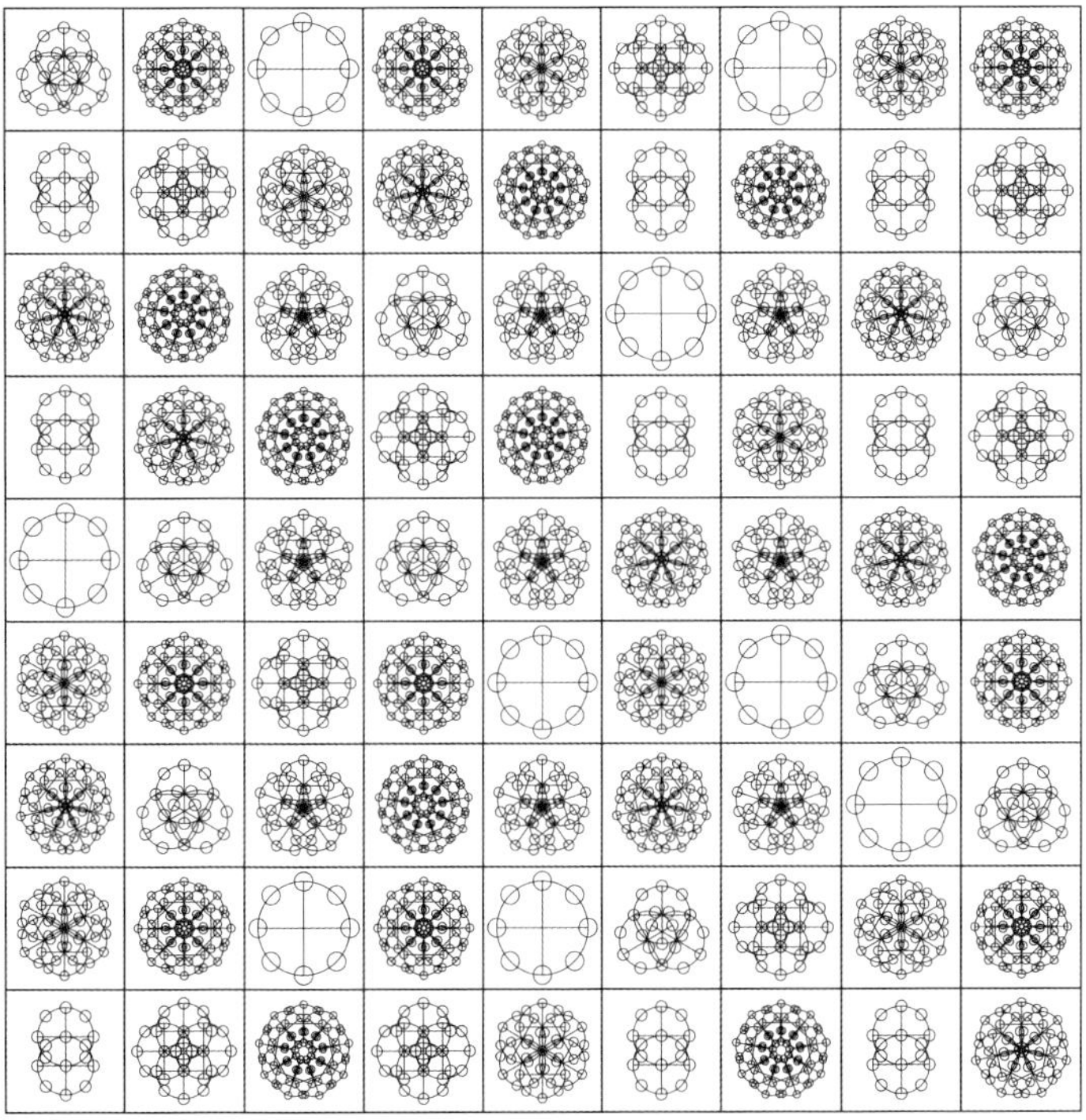

ヤタノカガミベシカ

※クスリ絵は切り取ってご使用いただけるようになっています

## ヤタノカガミベシカ

人の生命エネルギーを活性化させ、人生に豊かさをもたらすパワーがあります。これをもってカタカムナウタヒ5・6・7・8首（P41）を詠むと、大きな変化が起こることでしょう。

※クスリ絵は切り取ってご使用いただけるようになっています

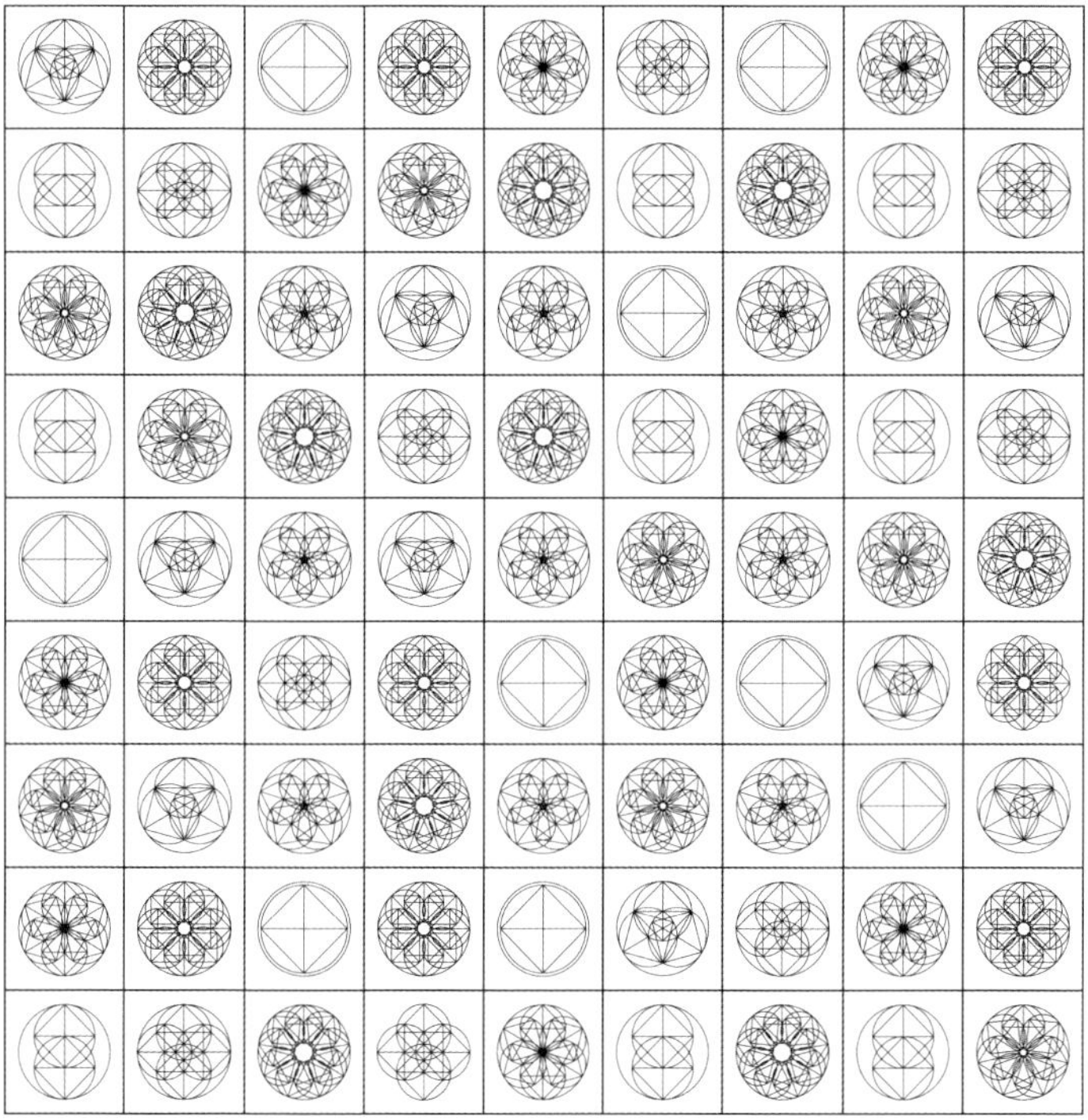

フトマニベシカ

※クスリ絵は切り取ってご使用いただけるようになっています

## フトマニベシカ

これを持ってカタカムナウタヒ5・6・7・8首（P41）を詠むと、高次元空間が即座にでき、ほんとうの自分へと、どんどんつながっていくのを感じられます。

※クスリ絵は切り取ってご使用いただけるようになっています

## 丸山修寛さん オンラインセミナー

### 至高の問題解決＆開運法

# 『クスリ箱②』出版記念 オンラインセミナー

**7月17日(土)** 時間 19:00〜21:00
料金 5,000円(税込)／オンライン(Zoom使用)

**顕在意識と潜在意識を調和させ、まったく新しい人生を創造する**

あなたが人生の主人公であるだけでなく、自分の人生の創造者になれるとしたらどうでしょうか。丸山さんは、それを可能にするためには、「顕在意識と潜在意識を調和させることが重要」と言います。それにはまず、潜在意識に気づくこと、そして、潜在意識と仲良くなること、それができると潜在意識とともに人生を創造できるようになるのです。いままで長い間、目に見えるものがすべてで、そこに重点を置いて生きてきた私たちは、意識という目に見えないものに対して、なかなか慣れ親しみがないのが実情ではないでしょうか。

そこで、活躍するのが、丸山さんが開発した、高次元からダウンロードした色・形・数を使ったクスリ絵やクスリ音です。

認識しやすい、視覚や聴覚に訴えかけることで、潜在意識にダイレクトに働きかけ、瞬時に創造の源にアクセルできる仕組みになっているのです。そんな次元変換装置ともいえる、宝がぎっしりつまった『クスリ箱②』の内容の、具体的な利用方法などを、皆さんにわかりやすくレクチャーいただきます。そのほか、「当日、タイムリーで、皆さんにとって最も必要なことについてもお話ししたいと思います。当日にならないと自分でも何が飛び出すかわからないため、楽しみにしてください」と丸山さん。喜びあふれる至福のひと時をお送りします。お見逃しなく!

セミナーのお申し込み＆情報はこちらをご覧ください。

そのほか、アネモネ開催のイベントはこちらより
アネモネワークショップ　検索

お問い合わせ　ビオ・マガジン TEL：03-6417-9490
E-Mail：workshop@biomagazine.co.jp

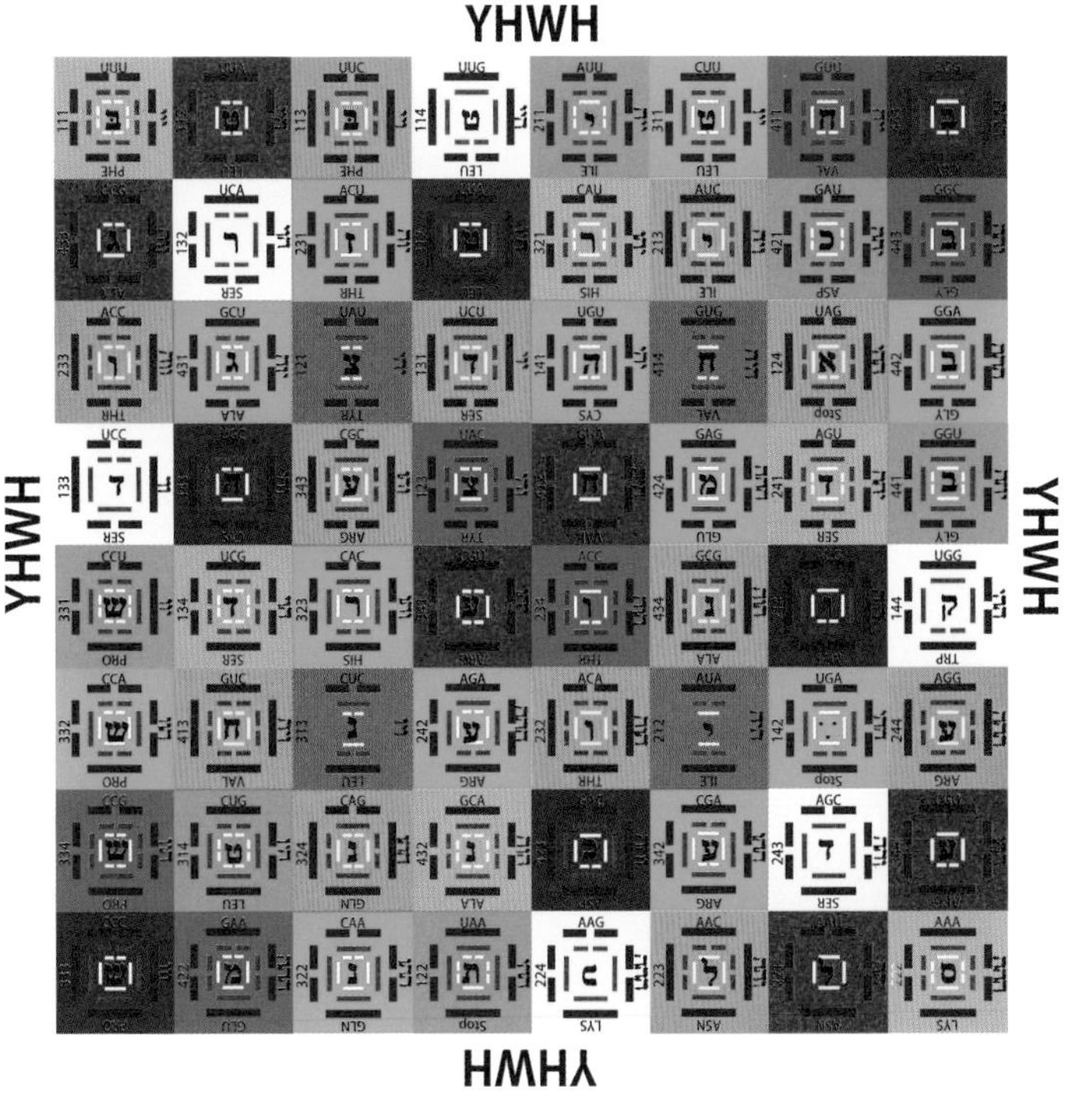


神韻（GOD CODE）

※クスリ絵は切り取ってご使用いただけるようになっています

## 神韻（GOD CODE）

YHWHは創造主を、中の文字は神々を表しています。健康問題だけでなく、運気改善、厄除けにも効果を発揮。パワフルに潜在意識を浄化してくれます。

※クスリ絵は切り取ってご使用いただけるようになっています

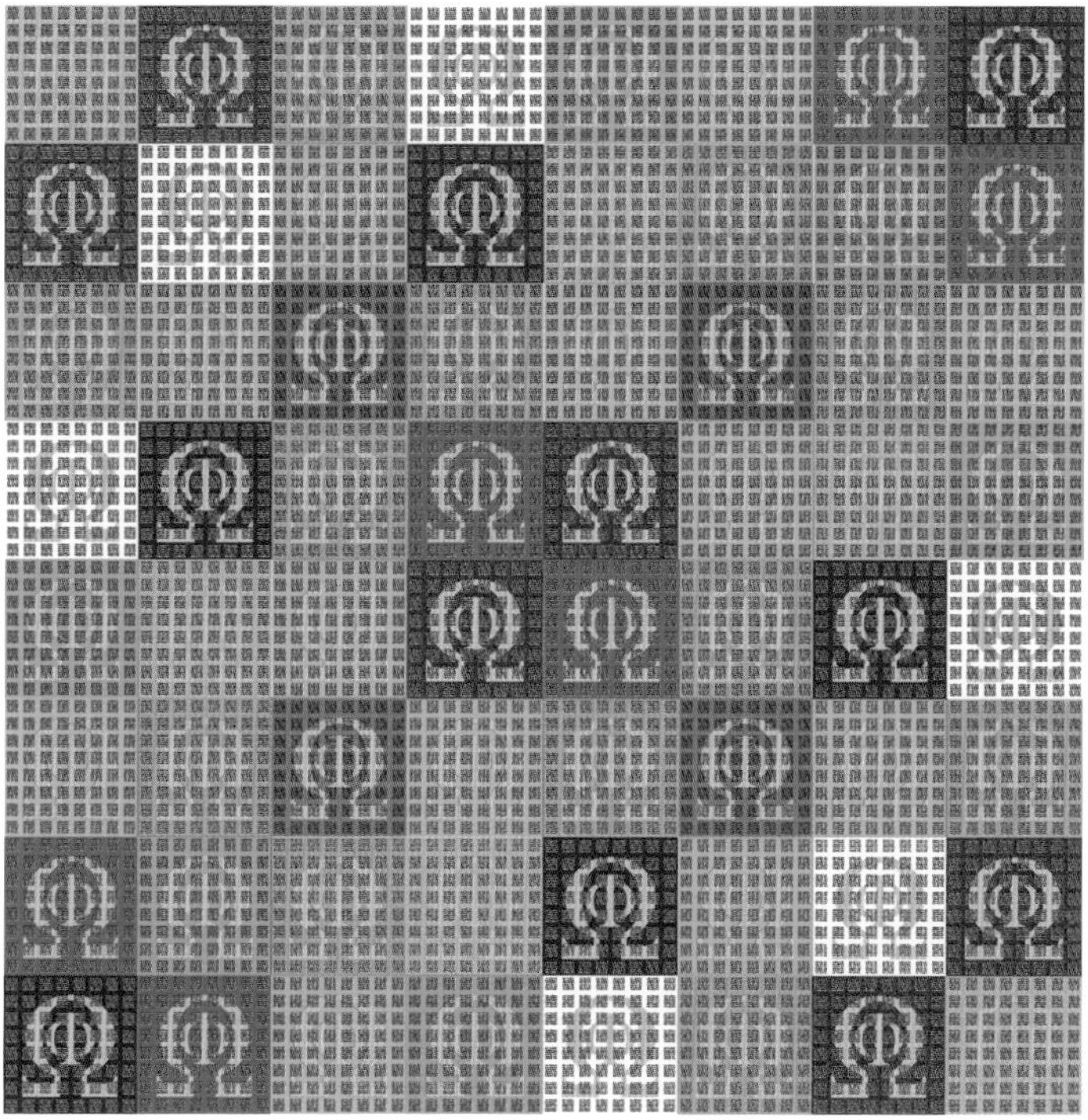

DNA アップグレード

※クスリ絵は切り取ってご使用いただけるようになっています

## ＤＮＡアップグレード

眺めたり、触れたりするだけで身体と心が、す～っとラクになっていくのを感じられるでしょう。心身のあらゆる不調に絶大な力を発揮する万能クスリ絵です。

※クスリ絵は切り取ってご使用いただけるようになっています

光の中へ

※クスリ絵は切り取ってご使用いただけるようになっています

# 光の中へ

人の意識は光でできているといわれています。その光を輝かせてくれるクスリ絵。自我やエゴではなく、ほんとうの自分を知りたいと思う人は、毎瞬眺めてください。

※クスリ絵は切り取ってご使用いただけるようになっています

天の窓

※クスリ絵は切り取ってご使用いただけるようになっています

## 天の窓

自分がいつもいる場所に、このクスリ絵を飾ると、天界の神聖なる存在が、常にあなたを見守り指導してくれます。

※クスリ絵は切り取ってご使用いただけるようになっています

マイマイ

※クスリ絵は切り取ってご使用いただけるようになっています

## マイマイ

なかなか進まない仕事、達成できない願望、プロジェクトを強力に後押ししてくれる力をもちます。ビジネス、受験に。

※クスリ絵は切り取ってご使用いただけるようになっています

森の守り人

※クスリ絵は切り取ってご使用いただけるようになっています

## 森の守り人

自分の大切なパートナーや家族を守る力をもっています。あなたの内面も守ってくれるので、心が傷ついたときに眺めるのも、おすすめです。

※クスリ絵は切り取ってご使用いただけるようになっています

ゴールデン

※クスリ絵は切り取ってご使用いただけるようになっています

# ゴールデン

輝く未来を創造する力を発揮。眺めているだけで、やる気が起こり、あらゆる分野での活躍を可能にしてくれます。

※クスリ絵は切り取ってご使用いただけるようになっています

フラワーリンネ

※クスリ絵は切り取ってご使用いただけるようになっています

## フラワーリンネ

プチうつは、自分がまわりから分離し、孤独感を感じることから生まれます。この図形には、人とのつながりをもう一度、思い出させてくれる働きがあります。

※クスリ絵は切り取ってご使用いただけるようになっています

ホールドアウト

※クスリ絵は切り取ってご使用いただけるようになっています

# ホールドアウト

調子がいいときは、それをできるだけ持続させたいもの。そんなときに役立つクスリ絵です。何かいいことがあったとき、この絵を眺めながら、そのことへの感謝の気持ちを伝えましょう。

※クスリ絵は切り取ってご使用いただけるようになっています

ボヘミアンフラワー

※クスリ絵は切り取ってご使用いただけるようになっています

## ボヘミアンフラワー

仕事、趣味、芸能……あらゆる分野での力を、規則的に発揮できるエネルギーをもっています。自分のやりたいことを思い浮かべながら、眺めるとよいでしょう。

※クスリ絵は切り取ってご使用いただけるようになっています

クルリ

※クスリ絵は切り取ってご使用いただけるようになっています

## クルリ

ストレスを〝クルリクルリとかわす〟という意味の図形です。精神的なストレスから、肉体的なストレスまで、心身にかかる、あらゆる負担からあなたを守ってくれます。

※クスリ絵は切り取ってご使用いただけるようになっています

スタースパロウ

※クスリ絵は切り取ってご使用いただけるようになっています

# スタースパロウ

たとえ、何か問題があったとしても、それをすり抜けるように回避できる力をもつ、ミラクルなクスリ絵です。

※クスリ絵は切り取ってご使用いただけるようになっています

ホーリーナイト

※クスリ絵は切り取ってご使用いただけるようになっています

## ホーリーナイト

この絵とともに過ごしていると、不思議とパワハラやいじめといった人との摩擦を、引き寄せなくなり、強いハートが自分の中に作られていくのを感じるでしょう。

※クスリ絵は切り取ってご使用いただけるようになっています

クィーン

※クスリ絵は切り取ってご使用いただけるようになっています

## クィーン

生活リズムを整えたいときに。また、創作活動をする際にこのクスリ絵を持つと、さまざまなストーリー、ひらめきが次々と浮かんできます。

※クスリ絵は切り取ってご使用いただけるようになっています

宝石箱

※クスリ絵は切り取ってご使用いただけるようになっています

## 宝石箱

眺めたり、触れたりするだけで潜在意識がどんどんクリアになり、あなたの人生に宝石のようにきらめく、ワクワクするできごとを、うんと引き寄せられるようになります。

※クスリ絵は切り取ってご使用いただけるようになっています

# 立体クスリ絵を作ろう!

# アストロン バッキーボール

神界とつながるパワーを秘めるアストロンバッキーボール。
完成形を頭上にのせて十言神呪（P40）を行ったり、
神歌を唱えると、御神気が降り注がれます。
全身のチャクラを整え、エゴを中和し、
ほんとうの自分への目醒めを加速します。

← 作り方は P82 を、参考にしてください。

※クスリ絵は切り取ってご使用いただけるようになっています

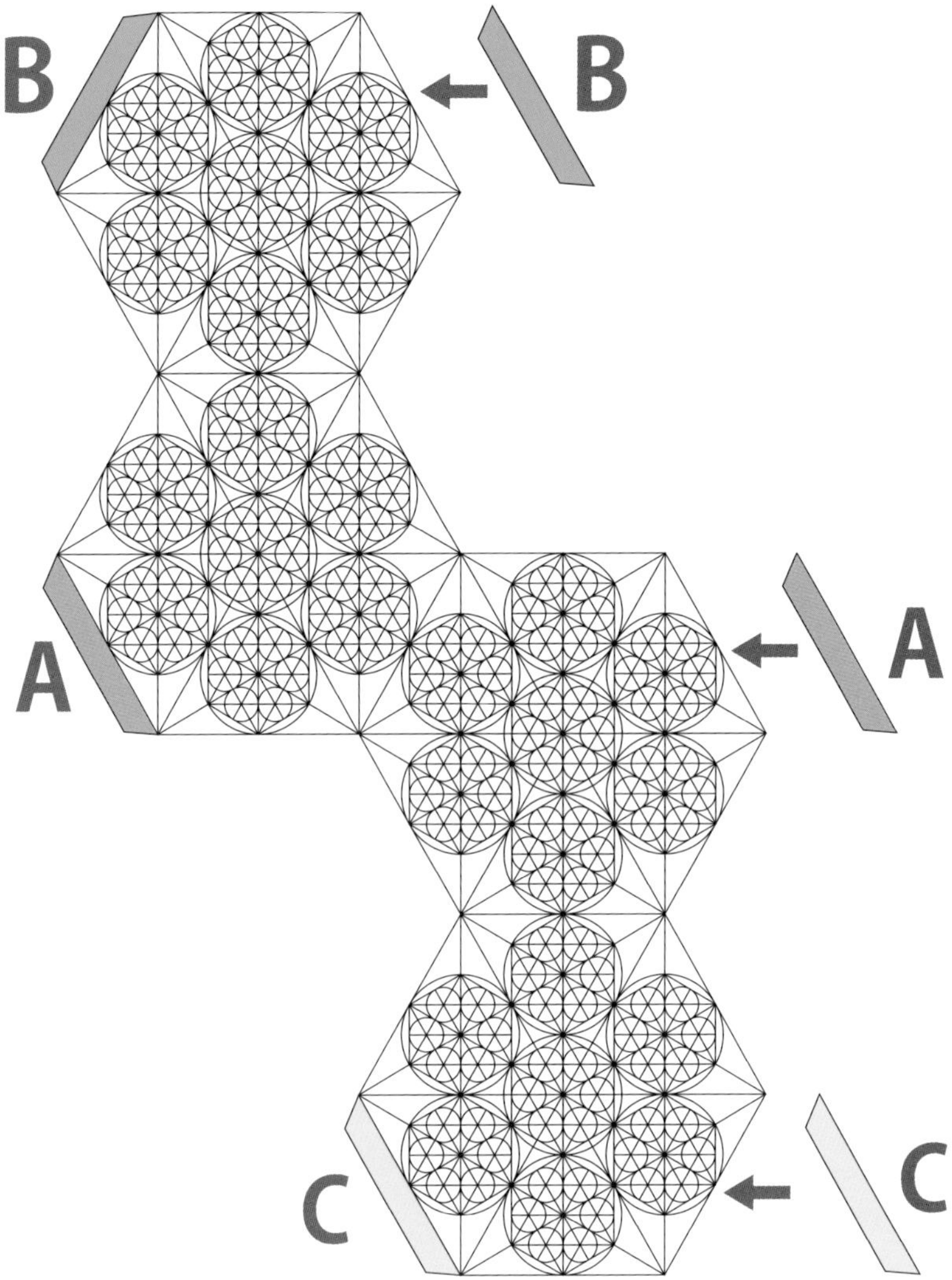


1：上の図を５枚コピーし、外線に沿って切り取り、のりしろＡを接着する。
2：展開図の六角形と六角形の接続部分、すべてを山折りに。
3：のりしろＢを接着。最後にのりしろＣを接着して完成です。

Part-4

# 聴くだけで 自分の本質が輝く

# クスリ音《ね》

音のもつ波動は、色や光など視覚を通して
受け取る場合に比べて、全身により素早く伝わると考えられます。
収録している音楽は、すべて生命エネルギーの源でもある私たちの
意識の奥深くへとダイレクトに届く周波数そのもの。
意識の隅々から、あらゆる不調や病気、問題の原因をすばやく浄化します。
聴くほどに、心も身体も、す〜っと解放されていくのを感じることでしょう。

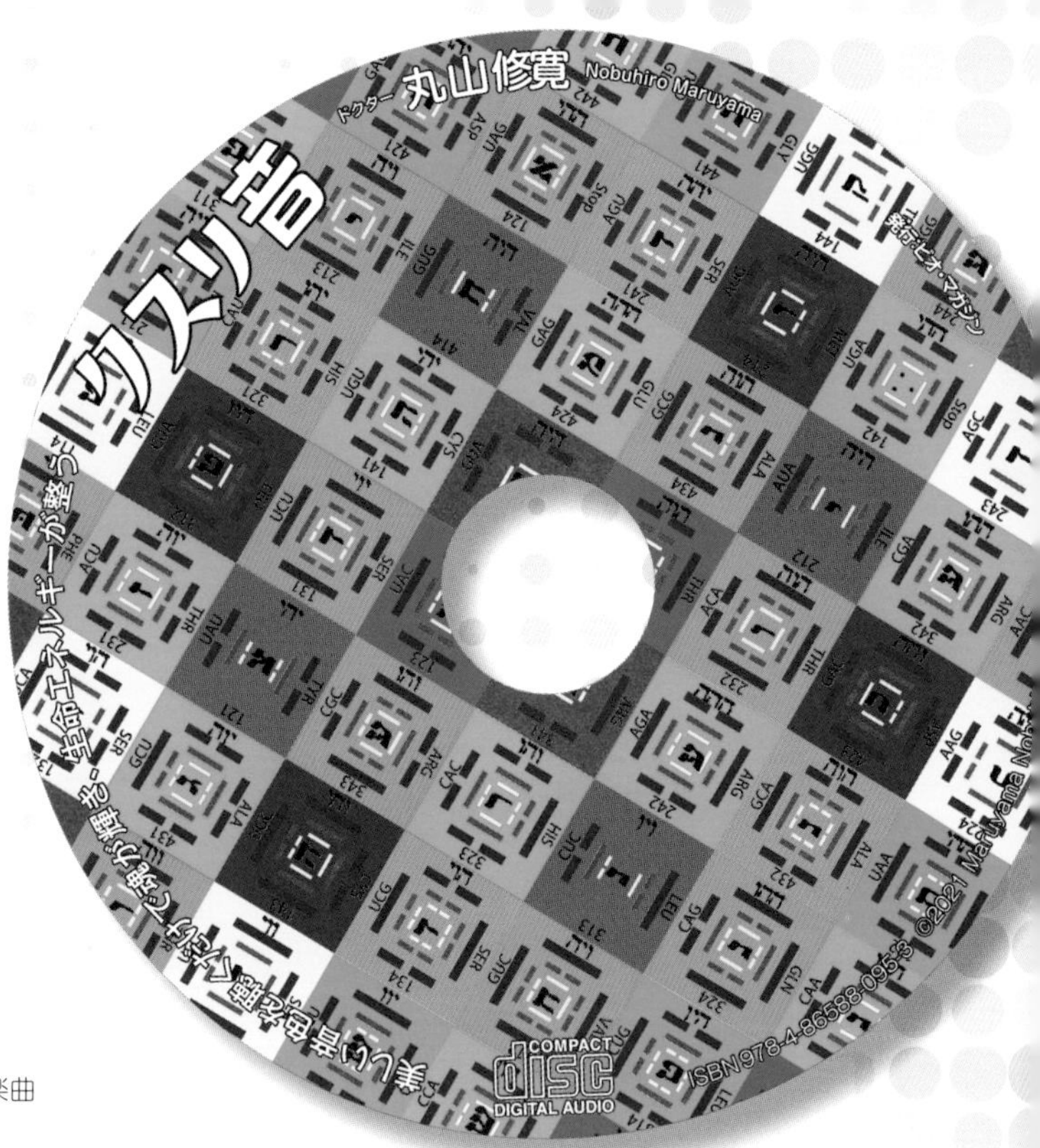


付録 CD 収録の楽曲

01：神性のタペストリー
水が流れるように、人生のあらゆる出来事は、自然にあるがままに、流れていきます。今このクスリ音を聞いている瞬間は、その流れにすべてを完全に委ねてみてください。〝創造のすべてにおいてすべてよし〟です。

02：神性のお散歩
顕在意識で認識している自分（自我）が、人生を創造しているように感じるのは錯覚です。あなたの人生は、この自我のあなたより、はるかに大きな、ほんとう自分の意識の意志によって創造されています。このことを感じさせてくれる楽曲です。

03：静寂
音楽の向こうにある静寂に意識を集中してみてください。音やリズムの背景にあってそれらを際立たせている静寂を感じ取ってみてください。その静寂と同じものが、あなたの心の奥深くにあります。クスリ音の静寂とあなたの心の奥にある静寂は、共振共鳴します。

ひと箱まるごと目醒めのツール

# クスリ箱

② ほんとうの自分を知ると
奇跡はあたりまえになる。

2021年4月15日　初版発行

著　者　丸山修寛
発行人　西 宏祐
発行所　株式会社ビオ・マガジン
〒141-0031　東京都品川区西五反田8-11-21
五反田TRビル1F
電話:03-5436-9204　FAX:03-5436-9209
http://biomagazine.co.jp/

装幀・デザイン　鈴木衛(東京図鑑)
DTP　堀江侑司
編集　染矢真帆
編集協力　ユニカ
校正・校閲　株式会社ぷれす
印刷所 株式会社 シナノ


ISBN978-4-86588-095-3

参考文献:『二十一世紀の惟神の道　十言神呪』石黒豊信著 (MP ミヤオビパブリッシング)

# カバラシリーズ

生命場を整え、高次元空間へ。
最強の立体クスリ絵が
目醒めを完全サポート

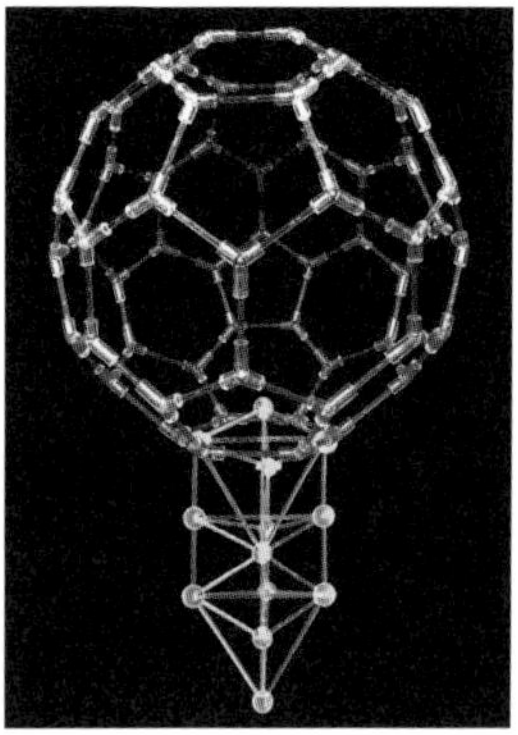

### 模型バッキーボール(組立式)+3Dカバラパドマ

**52,800円(税込)**

バッキーボール:仕上がりサイズ直径約25(cm)
3Dカバラパドマ:約10.5×10.5×21(cm)
連結状態:幅約25×高さ約42.5(cm)
重さ:134g
※バッキーボールは組立式です。組立と結合はお客様ご自身で行っていただきます。

カタカムナのヤタノカガミの立体版「バッキーボール」と「模型 3Dカバラ パドマ」が一体になった最強のクスリ絵。

### 模型 3Dカバラ パドマ(完成品)

**18,700円(税込)**

高さ約21×横約10(cm)
※模型3Dカバラパドマはパーツが接着された状態となりますので、組立式ではありません。

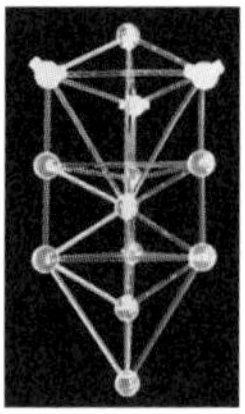

高次元エネルギーを受信し、生命場を整える。心身の不調の除去、直感力の向上、エゴの中和、さらに開運にも働きかける!

### バッキーカバラ キーホルダータイプ

**16,500円(税込)**

約1.5×1.5×高さ3(cm)
金具部分:1cm
素材:クリスタルガラス

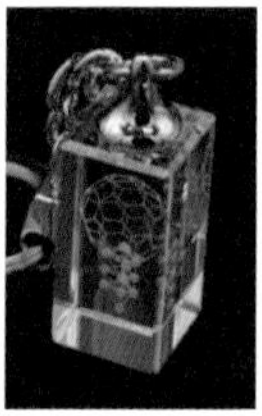

潜在意識との関係を良好にし、高次元の叡智が受け取れる状態に心身を整える。日々、身につけることで現実がスムーズに。

## ドクター丸山開発プロダクト

# カタカムナシリーズ

古代文字に秘められたパワーが
超意識を覚醒！ 肉体とともに
心も魂もバージョンアップ

**カタカムナ 生命の書
図像集2**

**27,500円（税込）**
A4サイズ／全439頁
重さ：約2.2kg

古代文字カタカムナにマンダラやガウス素数、ひふみ祝詞、アマテラスの図形などを配列したパワフルな図像を400種以上も掲載。

**カタカムナ
枕カバー**

**7,040円（税込）**
縦約42.5×横83（cm）

カタカムナのパワーをよりスピーディーに脳内へと伝達。良質な眠りに加えて、脳を活性化しながら直感力、超能力を高める。

**カタカムナ
マルチフラットシーツ**

**16,500円（税込）**
縦約240×横130（cm）

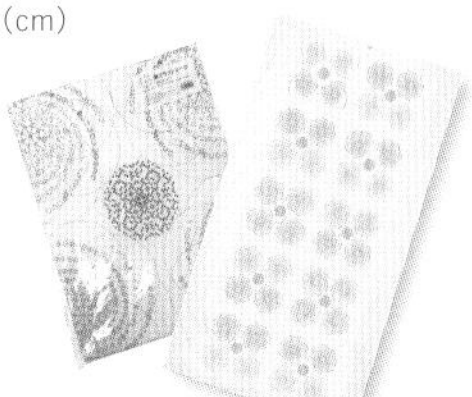

寝ている間に、潜在意識に効果的に働きかけ、心身をスムーズに浄化・調整。オーガニックコットンの心地よい肌触りも魅力。

※すべて消費税10%の価格になります。商品の仕様および価格は、予告なしに変更する場合がございます。
問03-5436-9200

anemone BOOKS
information

# 丸山修寛先生の最新情報

## 公式アカウント

インスタグラム @kusurie_0915

ライン @maruyamaroom

ライン公式アカウントでは、丸山先生の最新動画を公開と同時にお届け。さらに新刊やDVDの発売情報なども、どこよりも早くお知らせします。

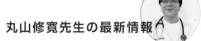